Mais Técnicas de Psicoterapia Relacional Sistêmica

Solange Maria Rosset

Mais Técnicas
de Psicoterapia
Relacional Sistêmica

Artesã

Mais Técnicas de Psicoterapia Relacional Sistêmica
1ª edição - 4ª reimpressão - julho 2025
Copyright © 2014 Artesã Editora

É proibida a reprodução total ou parcial desta publicação,
para qualquer finalidade, sem autorização por escrito dos editores.
Todos os direitos desta edição são reservados à Artesã Editora.

DIRETOR
Alcebino Santana

DIREÇÃO DE ARTE
Tiago Rabello

REVISÃO
Maggy de Matos

CAPA
Fabrício Tacahashi Lau dos Santos
Rosana van der Meer
Silvio Gabriel Spannenberg

PROJETO GRÁFICO E DIAGRAMAÇÃO
Conrado Esteves

FICHA CATALOGRÁFICA

R829m   Rosset, Solange.
            Mais técnicas de Psicoterapia Relacional Sistêmica / Solange Rosset. – Belo Horizonte: Artesã Editora, 2018.
            136 p. ; 17 x 24cm.

            ISBN 978-85-88009-44-8

            1. Psicoterapia. 2. Psicoterapia familiar. 3. Terapia de casal.
            I. Título.

                                                            CDD 616.891
                                                            CDU 615.851

Bibliotecária responsável: Camila C. A. C. de A. Araujo CRB6/2703

IMPRESSO NO BRASIL
Printed in Brazil

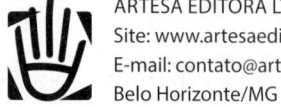

ARTESÃ EDITORA LTDA.
Site: www.artesaeditora.com.br
E-mail: contato@artesaeditora.com.br
Belo Horizonte/MG

APRESENTAÇÃO

Escrever "Mais técnicas de Terapia Relacional Sistêmica" foi um exercício de rever ideias, preconceitos e decisões.

Em 2013, quando escrevi "123 técnicas de Psicoterapia Relacional Sistêmica" deixei claro que, por muito tempo, havia sido contrária a um livro de técnicas. Tinha receio do "tecnicismo" na psicoterapia, do excesso de uso de técnicas e da depositação da eficácia da psicoterapia na técnica. E que, só havia escrito um livro de técnicas, porque havia decidido correr o risco de rever esse meu preconceito; e também porque estava acreditando que ao passar, junto com as técnicas, a postura básica indispensável para fazer um uso adequado e pertinente delas, estaria possibilitando um melhor entendimento e uso.

Estes anos do livro "123 técnicas de Psicoterapia Relacional Sistêmica" não me trouxeram arrependimentos! Acredito que os terapeutas que fizeram uso das técnicas compreenderam meus cuidados com relação à postura e funcionalidade no uso de técnicas em psicoterapia. Recebi muitos retornos, muitas informações, muitos depoimentos.

Resolvi escrever "Mais técnicas de Terapia Relacional Sistêmica" em função de que haviam técnicas que não entraram no primeiro livro e outras que foram surgindo; mas principalmente pelo pedido de muitos terapeutas que fizeram muito bom uso e excelentes adaptações das 123 técnicas. Por estes profissionais me decidi a escrever este novo livro.

Todas as 93 técnicas apresentadas aqui são técnicas coerentes à proposta terapêutica relacional sistêmica. Explico resumidamente os pressupostos relacionais sistêmicos na Introdução, mas, na necessidade de compreendê-los melhor, os interessados podem buscar informações nos livros indicados no rodapé das páginas das técnicas ou na bibliografia relacional sistêmica. No entanto, todas as técnicas podem ser usadas por outras linhas teóricas e também serem adaptadas para outros trabalhos que não sejam de psicoterapia.

Então, novamente, entrego meu trabalho, com o desejo de que seja útil aos terapeutas e aos clientes.

SUMÁRIO

Introdução..11
Visão geral das técnicas..19
Descrição das técnicas..25
1. A figura é você...27
2. Minhas dificuldades...29
3. Ser mulher/Ser homem...31
4. Energia..32
5. Minha história com recortes..33
6. Painel..34
7. Principais momentos da vida...35
8. Sonhe meu...36
9. Balões...37
10. Balões 2..38
11. Balões 3..39
12. Jogos e brincadeiras infantis...40
13. Pimenta no pé de tomate...41
14. Barbantes míticos..43
15. Como desencadeia o pior do parceiro..........................45
16. Desenho conjunto de uma situação..............................47
17. Dever de casa...48
18. Dramatização como objetos pequenos........................49
19. Concretizar..50
20. Virando a página..51
21. Transformação...53
22. Contato e mapeamento da agressividade...................54
23. Limites..55
24. Desenvolver pertinência..56

25. Introdução de um tema..57
26. Parceria...58
27. Fantasia do papel profissional....................................59
28. Desenho das terapias...60
29. Manutenção de um casamento..................................61
30. Casal feliz/infeliz..62
31. Habilidades...63
32. Sinalizar e parar...64
33. Demonstrações..65
34. Figura representativa..66
35. Eu ao invés de você...67
36. Erotização...68
37. Jogos corporais..69
38. Uso e abuso..70
39. Vínculos importantes..71
40. Expectativas da relação..72
41. Toalhas...73
42. Massagem com papel...74
43. Comunizar...75
44. Simbolizando uma dificuldade..................................76
45. O que eu espero..77
46. Aprendizagens...78
47. Papel profissional...79
48. Andando na estrada..80
49. Espalhando cinzas..81
50. Eu profissional...82
51. Expectativas e desejos..83
52. Lista das escolhas...84
53. Apresentação simbólica...85
54. Desejo de ter sua profissão...86
55. Repetição da história..87
56. Significados..88
57. Mímica de filmes...89
58. Compreensão do texto...90
59. Exercício dos 9 pontos..91
60. Recaídas...93
61. Riscos..94

62. Papel a ser aberto..95
63. Desenhar autoimagens...96
64. Construir autoimagens..97
65. Fazer pelo outro..98
66. Aliviar o que atrapalha...99
67. Por que? E para que?..100
68. Semear o desejo..101
69. Listar 100 possibilidades..102
70. Situação ideal..103
71. Características do homem/mulher ideal..............................104
72. História Infantil..105
73. Melhorar a pessoa...106
74. Assoprar os problemas...107
75. Despetalar flores...108
76. Sapatear...109
77. Brincar com cabo de guerra...110
78. Desenho simbólico da relação..111
79. Objeto metafórico..112
80. Retomada dos projetos..113
81. O que quer que o outro mude..114
82. Preparar-se para uma conversa..115
83. Usando a linha da vida..116
84. Mensagem do sonho...117
85. Fotos do casal...118
86. Pesquisar Avaliação...119
87. Tarefa na Família de Origem...120
88. Construções de Habilidades..121
89. Álibis Prediletos...122
90. Compulsões relacionais..123
91. Avaliando desempenho..124
92. Sistema energético..125
93. Jogos de poder..126

Referências..127

Bibliografia recomendada...129

Anexo 1 - Montagem das caixas..131

Anexo 2 - Lista de material para o consultório..........................132

INTRODUÇÃO

I – SOBRE O USO DE TÉCNICAS EM PSICOTERAPIA

Indicação de técnicas

A técnica utilizada como um instrumento mecânico não se presta senão para a manipulação da situação; porém, quando utilizada como uma real necessidade do momento de um indivíduo ou de um grupo, pode se transformar numa obra de arte.

Para que ela seja realmente um instrumento terapêutico, algumas reflexões são necessárias.

Quando e por que se usam técnicas

As técnicas psicoterapêuticas só devem ser usadas quando o processo não está acontecendo; quando, por alguma razão, há necessidade de desencadear movimentos novos.

Se o processo terapêutico está se desenvolvendo satisfatoriamente, não há necessidade de lançar mão de novos instrumentos.

Técnica é útil como facilitador, e nunca deve ser usada como o ponto central de um processo ou de uma sessão terapêutica. Um processo que está circulando não precisa de facilitador; nesse caso, não é necessário o uso de técnicas.

As técnicas podem oportunizar o exercício e o desenvolvimento de algum item que o cliente está precisando aprender, além de serem utilizadas para treinar novos comportamentos, tais como: aprender a lidar com o lúdico, aprender a lidar com regras, aprender a lidar com agressividade, promover troca de afeto, dar colo etc.

As técnicas também são um bom auxílio para "limpar" algo (raiva, medo, ciúme, inveja, dor), para que a pessoa possa fazer contato com o que está por trás do sentimento e, então, o processo tenha andamento.

Servem, ainda, para trabalhar em diferentes níveis: real (coisas concretas: listar, fazer), simbólico (representa o real: desenho, figura, jogo, escultura) ou fantasia (imaginação, desejo, vontade: projeto de vida).

Na Terapia de Casal, além dessas questões gerais, as técnicas têm a função de auxiliar o terapeuta a manter a postura adequada para este tipo de atendimento. Ou seja, ajudá-lo a não polarizar, não tomar partido, não fugir dos princípios sistêmicos básicos e não ficar preso no jogo inconsciente do casal.[1]

Outra questão importante no uso de técnicas é a afinidade que o terapeuta tem com determinada técnica. Essa afinidade depende do terapeuta já ter vivido a técnica como sujeito, da sua experiência com ela e do padrão de funcionamento do próprio terapeuta.[2]

Da mesma forma, é importante adequar a escolha da técnica ao objetivo do momento. Uma técnica inadequada ao que se deseja atingir será uma perda de tempo e energia.

A forma como se propõe o trabalho e todos os cuidados táticos definem o bom ou mau resultado.

DEFINIÇÃO DO OBJETIVO DA TÉCNICA

A técnica deve estar sempre alinhada com o objetivo a ser trabalhado naquele momento do processo; portanto, mais importante do que conhecer o objetivo parcial da técnica é saber para onde se está caminhando e o que se pretende atingir com o cliente. Se o terapeuta souber o que está fazendo com o seu cliente, terá clareza ao definir o objetivo da técnica específica que irá usar. Dessa forma, poderá adaptar técnicas e criar outras de forma coerente.

ADEQUAÇÃO DA TÉCNICA AO OBJETIVO E AO MOMENTO

Na escolha da técnica, alguns aspectos teóricos e clínicos devem ser observados. Estas questões são específicas da postura básica da Terapia

---

[1] WILLI, J. O conceito de colusão: uma integração entre a proposta sistêmica e psicodinâmica para terapia de casal. Tradução de: Danilo Rosset. Curitiba, 1998. Tradução de: Il concetto di collusione: un'integrazione tra approccio sistêmico e psicodinâmico alla terapia di coppia. Terapia Familiare. Rivista interdisciplinare di ricerca ed intervento relazionale, Roma, n. 23, 27-39, mar. 1987.

[2] ROSSET, S. M. Terapia Relacional Sistêmica, Belo Horizonte, Artesã, 2013.

Relacional Sistêmica, mas são úteis a todos os terapeutas que trabalham com terapia focada na ação, na mudança e na aprendizagem.

Contextos

Segundo a Teoria Psicodramática, ao trabalharmos numa sessão, precisamos levar em consideração o tipo de material com o qual estamos lidando. Esse material pode ser de três tipos[3]:

- ligado ao contexto social – corresponde ao espaço extrassessão, à chamada "realidade social"; é regido por leis e normas sociais que impõem determinadas condutas e compromissos ao indivíduo que o integra; é do qual provém o material trazido pelos clientes para a sessão;
- ligado ao contexto grupal – é constituído pelo sistema terapêutico; acha-se formado por todos os integrantes, tanto clientes como terapeutas, suas interações e o produto das mesmas, isto é, seus costumes, normas e leis particulares; é sempre particular a cada sistema terapêutico;
- ligado ao contexto da sessão – são as cenas trabalhadas pelos clientes e pelo terapeuta na sessão; é o recorte que eles dão aos fatos e situações; é a construção dos dados que eles reorganizam.

Da mesma forma, ao escolher a técnica, deve-se levar em consideração o contexto ao qual se liga o material que está sendo trabalhado, além de ter claro em que contexto se pretende desenvolver mudanças, tomada de consciência e aprendizagens.

Etapas do trabalho

O trabalho terapêutico contém:

- três etapas básicas da sessão – abertura, desenvolvimento e fechamento,
- uma etapa de pós-sessão,
- uma etapa de intervalo entre sessões,
- uma etapa de pré-sessão.

---

[3] Conceitos psicodramáticos adaptados à leitura relacional sistêmica.

A abertura é o momento da sessão no qual terapeuta e cliente retomam as questões que ficaram da sessão anterior, levantam as tarefas realizadas, levantam as questões pertinentes ao momento e ao contexto da sessão e redefinem o trabalho da sessão.

O desenvolvimento é a parte maior da sessão, na qual os assuntos são trabalhados. É o momento em que as técnicas são aplicadas.

O fechamento é a etapa final da sessão, que engloba uma síntese do que aconteceu, a definição de tarefas ou técnicas para serem realizadas antes do próximo encontro e as definições da próxima sessão.

O pós-sessão é o tempo imediatamente após o encontro terapêutico, no qual os reflexos e as reflexões da sessão ainda estão muito vívidos. Esta é a fase para técnicas que reforçam o que foi visto na sessão.

O intervalo entre sessões é o tempo em que o cliente fica sem o contato direto com o terapeuta e integra o material da sessão ao seu dia a dia, à sua vida de relações e compromissos.

A pré-sessão é a fase que antecede a volta, o contato com o terapeuta, na qual o cliente organiza sua vivência externa para programar o que levará para sua sessão de terapia. As tarefas e técnicas para esta fase são aquelas que preparam para o encadeamento dos assuntos e das questões.

Levar em consideração essas etapas possibilita a escolha de técnicas adequadas aos momentos e objetivos do trabalho terapêutico.

Etapas da técnica

Ao escolher uma técnica, deve-se organizar o material levando-se em conta alguns aspectos citados a seguir.

Aquecimento para a técnica – é um conjunto de procedimentos que intervêm na preparação do cliente, para que ele se encontre em ótimas condições para a ação. Engloba a coerência entre o assunto que está sendo trabalhado e a técnica que será usada, a forma como se propõe o trabalho, o uso de palavras e consignas adequadas para motivar o cliente e conseguir sua cooperação e disponibilidade.

Desenvolvimento da técnica – é a técnica em si, desenvolvida com o material técnico pertinente, o espaço e o tempo que forem necessários.

Fechamento da técnica – engloba o relato que os clientes fazem, os comentários do terapeuta, as avaliações das situações envolvidas e os encadeamentos de questões, novas tarefas, novos movimentos que sejam pertinentes.

Áreas de funcionamento

O ser humano tem três áreas de funcionamento: área mente, área corpo e área ambiente[4].

Área mente – é responsável pela produção racional, lógica; engloba o que a pessoa pensa, fantasia, imagina.

Área corpo – engloba todas as questões ligadas às sensações, emoções e energia do indivíduo.

Área ambiente – está ligada às ações da pessoa, ao seu movimento e a suas relações no espaço externo a si.

As pessoas, de acordo com seus padrões, têm maior ou menor facilidade de atuação, consciência e integração nessas áreas. Ao definir uma técnica, é importante ter clareza de quais dessas áreas a técnica vai privilegiar, vai desenvolver, além de ter clareza do funcionamento do cliente, ou seja, quais são as áreas fortes, as fracas, qual é o nível de integração ou de invasão entre as áreas.

CUIDADOS NECESSÁRIOS

Com o padrão de funcionamento

O terapeuta precisa estar atento à forma como a técnica é realizada, ao conteúdo que surge a partir dela e, principalmente, ao padrão de funcionamento do cliente. Qualquer técnica utilizada revela o padrão de funcionamento do cliente. Nunca se deve utilizar uma técnica se houver alguma dúvida de que pode estar sendo usada de modo a ser conivente com o padrão de funcionamento disfuncional do cliente. Não se podem usar mágicas quando o cliente precisa treinar, aprender e conscientizar-se do seu padrão de funcionamento.

Com a consigna

Uma boa consigna deve ser clara. Deve-se cuidar com as palavras utilizadas, conforme o que se pretende atingir. Qualquer coisa pode ser utilizada como técnica; basta ter o objetivo claro e transformar, ousar, criar e adaptar.

---

[4] PICHON-RIVIÈRE, E. Teoria do vínculo. São Paulo: Martins Fontes, 1995.

Com o tempo

O tempo, principalmente no caso de técnicas irracionais, deve ser determinado conforme a situação, o tempo interno do cliente e o objetivo da técnica.

Com o terapeuta

O terapeuta precisa sentir-se à vontade com as técnicas que utiliza. Ele deve ter um arsenal de técnicas, em cuja aplicação sinta-se bem. Se ele já se submeteu a determinada técnica, certamente estará mais familiarizado com ela.

Com o espaço

O espaço define a forma e o uso da técnica. A maioria das técnicas pode ser adaptada ao espaço que se tem disponível; no entanto, algumas técnicas serão prejudicadas se o espaço não for adequado.

Com julgamentos e interpretações

O terapeuta não deve julgar ou interpretar o material ou conteúdo que surgir a partir de uma técnica. Julgamentos, interpretações, racionalizações podem desqualificar e enfraquecer o objetivo. O que aparece no trabalho com as técnicas é o padrão de funcionamento do cliente, é um mapa que norteará o caminho a seguir. Ao não fazer julgamentos ou interpretações, o terapeuta fica mais disponível para enxergar o padrão.

Com o material

Ao final desse livro, incluímos exemplos de materiais para a montagem de caixas de ícones que são usadas em muitas das técnicas que apresentamos (Anexo 1) e também uma relação de materiais úteis para se ter no consultório e facilitar a criação e implementação de técnicas terapêuticas (Anexo 2).

II – SOBRE A TERAPIA RELACIONAL SISTÊMICA

ORIGENS

A TERAPIA RELACIONAL SISTÊMICA é uma proposta terapêutica que integra o Psicodrama, a Terapia Corporal e a Terapia Sistêmica.

Incorpora do Psicodrama a proposta básica da relação terapêutica, o trabalho focado no momento, no aqui e agora, e a noção de contextos (social, grupal, psicodramático) e níveis. Usa, também, as teorias de Matriz de Identidade[5] e Núcleo do EU[6 7] para a compreensão do desenvolvimento, além do instrumental técnico psicodramático. Da Terapia de Sistemas Familiares, adota a leitura sistêmica das situações (estrutura, hierarquia e organização),[8] bem como a postura básica de que a responsabilidade do processo é do cliente e de que o foco da terapia é a mudança. Usa, ainda, as intervenções sistêmicas, a instrumentação do tempo (tarefas, intervalos etc.) e o planejamento do processo visando eficácia. Da Terapia Corporal e de Energia, adota como base a compreensão energética dos seres vivos (fluxo, carga, descarga etc.),[9] bem como a teoria do desenvolvimento (caráter) para compreensão do funcionamento.[10] Usa, também, o seu arsenal técnico e a permissão para o contato corporal com o cliente.

As técnicas descritas neste livro foram criadas ou adaptadas de acordo com estes enquadres teóricos. No entanto, a proposta básica é a da Terapia Relacional Sistêmica, o que significa que o foco do trabalho é no padrão de funcionamento,[11] que é o ponto central do trabalho relacional sistêmico. Padrão de funcionamento, significa, uma forma repetitiva que o sistema usa para responder e reagir às situações da vida e às situações relacionais. Engloba o que é dito e o que não é dito, a forma como são ditas e feitas as coisas, bem como todas as nuanças dos comportamentos. Fazem parte do padrão de funcionamento as compulsões básicas, as defesas automáticas, os jeitos, os álibis prediletos.

Pensando desta forma, a tarefa terapêutica é auxiliar o cliente a ter consciência do seu próprio padrão de funcionamento; a partir disso, auxiliá-lo a realizar as aprendizagens que se fazem necessárias – aquelas que ficaram por fazer no processo de desenvolvimento ou que são necessárias nas novas fases que atravessa. E, então, auxiliá-lo a fazer as mudanças que são pertinentes. Todas as técnicas do livro, de uma forma ou de outra, servirão a esses propósitos.

---

[5] FONSECA FILHO, J. de S. Psicodrama da loucura. Correlações entre Buber e Moreno. São Paulo: Agora, 1980.
[6] ROJAS-BERMÚDEZ, J. G. Núcleo do eu. Leitura psicológica dos processos evolutivos fisiológicos. São Paulo: Natura, 1978.
[7] ROJAS-BERMÚDEZ, J. G. Introdução ao psicodrama. 3ª ed. São Paulo: Mestre Jou, 1980.
[8] ROSSET, S. M. Teoria geral de sistemas e a prática clínica. Trabalho apresentado no Seminário Clínico do Núcleo de Psicologia Clínica, Curitiba, 1989.
[9] KELEMAN, S. O corpo diz sua mente. Tradução de Maya Hantower. São Paulo: Summus, 1996.
[10] LOWEN, A. Bioenergética. São Paulo: Summus, 1986.
[11] ROSSET, S. M. Izabel Augusta: a família como caminho. Curitiba: Editora Sol, 2011.

Outra característica da proposta relacional sistêmica é a clara definição de objetivos para o trabalho terapêutico. Esses objetivos são particulares para cada indivíduo ou sistema acompanhado e dependem da pertinência do cliente para mudança, do nível de consciência que ele tem do seu padrão de funcionamento, do momento e do contexto em que ele está inserido e do desejo e da vontade de realizar o processo.

POSTURAS RELACIONAIS SISTÊMICAS NO USO DAS TÉCNICAS

Todo o trabalho terapêutico tem como eixo básico o padrão de funcionamento – a tomada de consciência do próprio padrão, as aprendizagens no padrão, as mudanças de padrão. É importante lembrar disto ao usar as técnicas.

Dependendo do padrão de funcionamento do cliente, do padrão de funcionamento do terapeuta, e do padrão de funcionamento criado pelo sistema terapêutico, as técnicas poderão ser adaptadas de forma a serem úteis às aprendizagens e aos momentos do processo do cliente.

As técnicas aqui descritas podem ser usadas durante a sessão ou como prescrições para serem usadas como "tarefas para casa", de acordo com a necessidade e utilidade. De um modo geral, as tarefas são úteis para estender a ação da sessão, para desenvolver atividades que o tempo/espaço da sessão não permite, para desenvolver aprendizagens que o cliente está precisando e para treinar comportamentos novos. A forma que vai se lidar com a não execução da tarefa vai depender do objetivo dela, do padrão de funcionamento do cliente e do momento do processo.

Quando se pede para o cliente listar algo, é importante explicitar que é para escrever, concretamente. Pois é muito diferente, listar mentalmente, e escrever uma lista. No momento que se escreve, se concretiza, se adquire outro nível de consciência e de responsabilidade pelo que se escreve.

Tendo em vista essas características do trabalho clínico, o uso de técnicas torna-se muito importante. Importante no sentido de serem as técnicas instrumentos úteis para se atingirem os focos e objetivos do processo, mas também no sentido de serem úteis se usadas com parcimônia, lucidez e clareza de intenção.

VISÃO GERAL DAS TÉCNICAS

Antes de fazer uso das técnicas desse livro é interessante ler estas colocações iniciais.

A maioria das técnicas são úteis para atendimento individual, de casal, de família e de grupos. Naturalmente, deve-se adaptar a consigna para o cliente que está presente no momento, adequando-se ao objetivo e ao padrão de funcionamento do sistema em atendimento.

Quando me refiro a cliente, pode ser o indivíduo, o casal, a família ou o grupo, dependendo da situação e do enfoque.

As consignas são só uma indicação de como as técnicas podem ser aplicadas; cada terapeuta pode adequá-las à sua linguagem, à sua forma de trabalho e aos seus objetivos.

Todas as técnicas que têm como foco ver o padrão de funcionamento do cliente também podem ser usadas quando o objetivo for trabalhar aspectos específicos já definidos e relacionados com o conteúdo da técnica. E podem também ser direcionadas às aprendizagens específicas do cliente em fases diferentes do processo.

A caixa com figuras variadas é um material que usei, inicialmente, para facilitar o trabalho de colagens; aos poucos, fui incorporando esse item em outras técnicas e depois descobrindo usos variados e inusitados. Ela tem sido muito útil como base para trabalhar técnicas que precisam de algo menos racional e pragmático.

A seguir, apresentamos um quadro-resumo com objetivo e indicação de cada uma das técnicas. Usamos letras para as referências: I – indivíduo, C – casal, F – família, G – grupo.

QUADRO-RESUMO

Nº	Nome	Objetivo	Indicação
1	A figura é você	Apresentação e autopercepção.	F G
2	Minhas dificuldades	Clarear objetivos da terapia; desenvolver responsabilidade pelo processo.	I
3	Ser mulher/Ser homem	Resgate do papel feminino na família.	I G
4	Energia	Circular emoções na presença de energia baixa.	I G
5	Minha história com recortes	Visão das possibilidades de mudança na vida.	I C F G
6	Painel	Avaliar padrão de comunicação e de interação.	C F G
7	Principais momentos da vida	Avaliar momentos importantes na vida.	I C F G
8	Sonho meu	Trazer a tona insatisfações nas relações familiares.	F
9	Balões	Mapear a respiração.	I C F G
10	Balões 2	Mapear expressão da agressividade.	C F G
11	Balões 3	Trabalhar questões através de metáforas.	I C F G
12	Jogos e brincadeiras infantis	Desenvolver o lado lúdico.	F G
13	Tomate no pé de pimenta	Conscientizar sobre a impossibilidade de mudar o outro.	I
14	Barbantes míticos	Trabalhar questões familiares e míticas através de ritual.	I G
15	Como desencadeia o pior do parceiro	Refletir sobre como o padrão de cada membro desencadeia o comportamento do outro.	C
16	Desenho conjunto de uma situação	Trabalhar simbolicamente determinado tema.	C F
17	Dever de casa	Facilitar comunicação e expressão de sentimentos.	I C F G
18	Dramatização com objetos pequenos	Proporcionar ao cliente outra perspectiva/ visão de uma mesma situação.	I
19	Concretizar	Enxergar novos ângulos.	C F G
20	Virando a página	Facilitar o fechamento de situações inacabadas.	I G
21	Transformação	Vivenciar passos e ocupar espaço.	G
22	Contato e mapeamento da agressividade	Treinar novos comportamentos.	I

Nº	Nome	Objetivo	Indicação
23	Limites	Visualizar padrão de funcionamento do grupo.	F G
24	Desenvolver pertinência	Verificar disponibilidade e prontidão para mudança.	I G
25	Introdução de um tema	Levantar o conhecimento do grupo sobre um tema.	C F G
26	Parceria	Avaliar as parcerias profissionais.	I G
27	Fantasia do papel profissional	Avaliar desejos/dificuldades no trabalho.	I G
28	Desenho das terapias	Identificar aprendizagens realizadas em terapia.	I C F G
29	Manutenção do casamento	Avaliar crenças do casal sobre manter um casamento.	C
30	Casal feliz/infeliz	Levantar referências que o casal tem sobre o que provoca felicidade ou infelicidade na relação.	C
31	Habilidades	Percepção das diferenças, similaridades.	C
32	Sinalizar e parar	Conscientizar e minimizar comportamentos.	C
33	Demonstrações	Percepção de como demonstra sentimentos.	C
34	Figura representativa	Explicitar o que o outro precisa aprender.	C
35	Eu ao invés de você	Desenvolver novas habilidades na comunicação.	C F G
36	Erotização	Consciência de seu próprio corpo e de sua sexualidade.	C
37	Jogos corporais	Avaliar a dinâmica do casal.	C
38	Uso e abuso	Conscientização dos usos e abusos do poder.	I C F G
39	Vínculos importantes	Ver padrão de relações.	I G
40	Expectativas da relação	Avaliar a relação do casal.	C
41	Toalhas	Avaliar o padrão relacional do casal.	C
42	Massagem com papel	Avaliar como o casal funciona com relação à proximidade, afetividade.	C
43	Comunizar	Integrar um grupo e trabalhar seu espaço comum.	G
44	Simbolizando uma dificuldade	Trabalho simbólico de situações difíceis.	G
45	O que eu espero	Verificar expectativas do cliente e reduzir a ansiedade.	G

Nº	Nome	Objetivo	Indicação
46	Aprendizagens	Conscientização de aprendizagem através de figuras e projeção.	I
47	Papel profissional	Compreensão sobre a escolha e dificuldades profissionais.	G
48	Andando na estrada	Resgate de situações ou sentimentos inacabados.	I G
49	Espalhando cinzas	Proporcionar fechamento de situações, de aprendizagens realizadas ou de processos terapêuticos.	I G
50	Eu profissional	Clarear padrão de interação e padrões profissionais.	I G
51	Expectativas e desejos	Levantar expectativas em relação a um curso ou terapia ou processo.	G
52	Lista das escolhas	Enxergar as mudanças necessárias e responsabilizar-se pelas escolhas.	I C F G
53	Apresentação simbólica	Falar de si de forma nova.	I G
54	Desejo de ter sua profissão	Organizar e avaliar suas escolhas profissionais.	I G
55	Repetição da história	Refletir sobre padrão de comunicação.	F G
56	Significados	Exercitar a comunicação. Refletir padrão de comunicação. Trabalhar as diferenças de pontuação na comunicação.	F G
57	Mímica de filmes	Exercitar a comunicação. Refletir sobre seu padrão de comunicação. Treinar outras formas de comunicação além da verbal.	F G
58	Compreensão do texto	Exercitar a comunicação. Refletir sobre seu padrão de comunicação.	C F G
59	Exercício dos 9 pontos	Ampliar a percepção, ver de maneira diferente.	I
60	Recaídas	Lidar com as recaídas de forma positiva.	I G
61	Riscos	Desenvolver pertinência para mexer em determinado assunto.	I
62	Papel a ser aberto	Fortalecer uma ideia ou autoimagem a ser desenvolvida.	I
63	Desenhar autoimagens	Integrar as várias imagens internas.	I
64	Construir autoimagens	Usar as imagens internas para programar mudanças.	I
65	Fazer pelo outro	Desenvolver disponibilidade e boa vontade no casal.	C

Nº	Nome	Objetivo	Indicação
66	Aliviar o que atrapalha	Compreensão de que precisam unir forças para resolverem as dificuldades.	C F
67	Por que? E para que?	Treinar de forma leve e lúdica o uso do Pra que?	I
68	Semear o desejo	Trazer esperança e confiança para o processo de mudança.	I
69	Listar 100 possibilidades	Ampliar o olhar. Aprender a sair do campo conhecido.	I
70	Situação ideal	Trabalhar com a idealização e as dificuldades.	I
71	Características do homem/mulher ideal	Refletir sobre desejos, fantasias, depositações na escolha de parceiros.	I
72	História infantil	Tomar consciência da construção do padrão de funcionamento.	I
73	Melhorar a pessoa	Lidar com a competência interna nas dificuldades relacionais.	I
74	Assoprar os problemas	Trabalhar com as possibilidades de mudança nas situações difíceis.	I
75	Despetalar flores	Trabalhar o desprendimento nas relações próximas.	I
76	Sapatear	Circular a energia nas situações obsessivas.	I
77	Mini "cabo de guerra"	Trazer à tona de forma lúdica a disputa de poder.	C
78	Desenho simbólico da relação	Concretizar as mudanças desejadas e as que forem acontecendo nas relações trabalhadas.	I
79	Objeto metafórico	Usar um objeto como metáfora da aprendizagem ou da ação que o cliente precisa fazer.	I
80	Retomada dos projetos	Reavivar a relação através da retomada dos projetos do inicio da vida em comum.	C
81	O que quer que o outro mude	Desenvolver consciência dos desejos, exigências, escolhas e depositações nos relacionamentos.	I C
82	Preparar-se para uma conversa	Desenvolver habilidade e competência nos confrontos e conversas relacionais.	I
83	Usando a linha da vida	Ritual de limpeza e mudança.	I
84	Mensagem do sonho	Enxergar os movimentos do seu processo.	I
85	Fotos do casal	Concretizar as dificuldades do casal, as mudanças e os objetivos.	C

Nº	Nome	Objetivo	Indicação
86	Pesquisar avaliação	Desenvolver e fortalecer aspectos da autoimagem.	I
87	Tarefa na família de origem	Refletir sobre as depositações, lealdades e sentimentos que dificultam o desenvolvimento.	I
88	Construção de habilidades	Enxergar suas habilidades, e como melhorá-las.	I
89	Álibis prediletos	Auxiliar a consciência e o controle dos álibis relacionais.	I C F
90	Compulsões relacionais	Auxiliar a consciência e o controle das compulsões relacionais.	I
91	Avaliando desempenho	Avaliar e melhorar o desempenho dos papéis.	I C F
92	Sistema energético	Perceber outros aspectos do seu sistema individual.	I
93	Jogos de poder	Perceber e flexibilizar sua relação de poder.	C

DESCRIÇÃO DAS TÉCNICAS

No quadro abaixo, estão relacionados os itens que compõem a descrição de cada uma das técnicas.

Título	Número, Nome ou Definição Técnica
Objetivo	Para que se usa a técnica.
Código	I = individual, C = casal, F = família, G = grupo.
Material	Materiais que serão utilizados durante a técnica.
Consigna	Os itens mais importantes para a aplicação da técnica.
Variação	Mudanças possíveis de acordo com os objetivos.
Observação	Itens importantes a serem observados ou avaliados.
Pergunta	Dúvidas mais comuns que aplicadores já tiveram no uso das técnicas.

Título	① A FIGURA E VOCÊ
Objetivos	Proporcionar que as pessoas se apresentem através de conteúdos simbólicos, de forma a aprofundar o conhecimento entre elas. Buscar aumento de conscientização pessoal sobre seu próprio padrão de funcionamento.
Código	F G
Material	Caixa contendo recortes de figuras variadas.
Consignas	"Cada um de vocês escolherá uma figura dentro da caixa que de alguma forma lhe represente". Após todos terem escolhido a figura: "Agora, eu gostaria que cada um falasse relacionando a figura com seu jeito de ser".
Variação	Usando guardanapos coloridos, faça uma dobradura que represente quem você é hoje. Usando objetos da sala escolher um que represente você.
Observação	Além de ser uma técnica útil para apresentação no início de um grupo, pode ser usada para auxiliar o cliente a falar de si, a tomar contato com expectativas e ansiedades em situações novas.

Pergunta	- E se a pessoa não conseguir fazer a relação entre a figura e suas características?
	Perguntar a pessoa: "E o que não tem a ver com você essa figura?".
	- E se uma pessoa ficar se intrometendo enquanto os outros fazem seus comentários?
	Se a pessoa que interrompe faz interpretações sobre quem está se colocando naquele momento, pode questionar a pessoa que está sendo interrompida, sobre como ela se sente e se concorda com o que a outra está falando. Mostrar à pessoa que está interrompendo que aquilo é opinião dela e não necessariamente corresponde a realidade. Pedir que enquanto as outras pessoas estiverem falando ela reflita sobre seus pontos de vista e se na realidade eles dizem algo sobre ela mesma. Aproveitar para questioná-la se sempre faz isso, se é parte de seu padrão. Se a pessoa que interrompe se identifica com tudo que é falado, contando sempre a história que tem parecida, pode se solicitar que ela aguarde sua vez para falar

Título	② MINHAS DIFICULDADES
Objetivo	Clarear os objetivos e as metas do processo psicoterapêutico. Responsabilizar o cliente pelo desejo e processo de mudança.
Código	I
Material	Folhas de sulfite e lápis.
Consignas	"Liste para a próxima sessão as suas dificuldades do dia a dia". Na sessão seguinte, explorar a lista através de trabalho verbal: "Refletindo sobre o que conversamos, aponte, por ordem de prioridade, quais itens quer aprender a fazer diferente". A próxima etapa do trabalho é: "Agora que já sabemos o que você quer fazer diferente, estabeleça tarefas concretas para serem executadas".
Variação	Listar: O que não consegue fazer. Listar: O que atrapalha sua vida. Pode ser adaptada para Casal, Família e Grupo
Observações	O estabelecimento de tarefas concretas pode ser feito na continuação na sessão ou como nova tarefa para casa. É importante explicitar quando se prescreve que a a lista seja – por escrito.

Pergunta	- E se o cliente não souber quais as dificuldades que ele tem? Esta tarefa é para ajudá-lo a trabalhar com suas dificuldades ou a percebê-las. Neste caso, o terapeuta vai auxiliá-lo a lidar com a tarefa. - E se o cliente não fizer a tarefa? Questionar o motivo. Se o terapeuta perceber que o cliente não estava preparado, ou que está com muita dificuldade de fazer a tarefa, pode redefinir para que faça quando achar que seja a hora; ou redefinir que existe algo mais prioritário no momento e que essa tarefa será retomada em momento apropriado. Se o terapeuta perceber que é um álibi ou uma resistência à mudança pode sugerir fazer a tarefa na sessão, ou solicitar novamente que a faça. Se, for pertinente ao que se está trabalhando no padrão de funcionamento do cliente, pode pedir que só remarque sessão quando ela estiver pronta.

Título	③ SER MULHER/SER HOMEM
Objetivos	Possibilitar para o cliente o resgate do papel feminino/masculino na família e refletir sobre o sentimento de seu papel dentro dela.
Código	I G
Material	Caixa de recortes variados.
Consignas	"Escolha figuras nessa caixa que simbolizem o que é ser mulher/homem na sua Família".
Variação	Pode-se utilizar além da caixa de figuras, caixa de tampas, caixa de ícones ou outros recursos artísticos como desenhar, pintar ou modelar em argila.
Observação	No trabalho verbal pode-se explorar os vários papéis que as mulheres/os homens desempenham dentro da família como: mãe/pai, tia/tio, avó/avô, esposa/esposo, filha/filho, profissional, etc. É uma boa técnica para grupos de mulheres/homens.
Pergunta	- E se a pessoa perguntar de qual família (nuclear ou de origem)? Dizer que pode escolher a que quiser. Depois refletir e avaliar a escolha.

Título	④ ENERGIA
Objetivo	Possibilitar que as emoções circulem quando o cliente está com energia baixa ou deprimido.
Código	I G
Material	Caixa de recortes variados.
Consigna	"Escolha figuras nessa caixa que lhe deem energia. Leve para casa e coloque em um lugar visível. Pegue uma figura por dia e procure fazer alguma coisa que se relacione com a figura".
Variação	Usar para grupos, como tarefa de casa.
Observação	É importante que não pareça magia, mas um estímulo para o movimento e a ação.
Pergunta	- E se o cliente desacreditar que figura dá energia? Esclarecer ao cliente que não é a figura que traz a energia, mas o que ela representa diante do que ele está buscando. - E se o cliente disser que não acredita? Antes de decidir usar uma técnica é importante conhecer os valores e crenças do cliente, e o uso que ele faz deles no seu padrão de funcionamento para não correr o risco de que discussões sobre o conteúdo da técnica atrapalhem o objetivo terapêutico dela. Neste caso, se o cliente não acredita em energia e este fato pode atrapalhar o andamento do processo, esta não é uma técnica adequada.

Título	⑤ MINHA HISTÓRIA COM RECORTES
Objetivos	Proporcionar ao cliente uma visão de forma simbólica das possibilidades de mudança em sua vida.
Código	I C F G
Material	Caixa com recortes variados, cartolina, cola.
Consignas	"Escolha vários recortes que sejam significativos para você e arranje as figuras de forma a mostrar como foi sua vida e o que você quer que seja diferente daqui para frente".
Variação	Pedir que arrume as figuras de forma a mostrar as mudanças que já fez.
Observação	Essa técnica pode ser utilizada para ajudar a enxergar o que fazer daqui para frente, trabalhando sua responsabilidade sobre suas escolhas e auxiliando-o a retomar a direção de sua história.
Pergunta	- Como usar essa técnica nas diferentes situações? Com casais pode se utilizar de duas formas: ou cada membro do casal faz a história do casal e depois se compara e conversa sobre, ou o casal em conjunto faz uma história única. Com família é solicitado que todos juntos façam uma história única. Com grupos, solicita-se que cada participante faça a sua.

Título	⑥ PAINEL
Objetivos	Auxiliar o terapeuta a avaliar e os clientes a terem consciência do padrão de comunicação na família/grupo, e na interação entre elas.
Código	C F G
Material	Recortes variados, cartolina, cola.
Consignas	"Escolham algumas figuras e em conjunto montem um painel. Se sobrarem figuras que você escolheu poderá ficar com elas". Após a montagem comentar como foi.
Variação	Cada um escolhe suas figuras, mas na hora de colocar no painel, cada um pega uma figura que foi escolhida por outra pessoa. Perguntar aos participantes: O que as figuras que escolhi tem a ver comigo? O que a figura que escolhi da outra pessoa para colocar no painel tem a ver comigo? O que o isso tudo me ensina a meu respeito? O que o painel tem a ver com as aprendizagens do sistema em questão?
Observação	Observar como as pessoas colocam as figuras, quem coloca todas as suas, quem não dá, quem dá tudo, etc. Durante o trabalho verbal questionar quem ficou com as figuras sobre o que fará com elas, verificar para que a pessoa queria as figuras, etc. E questionar quem não ficou com nenhuma, como é isso para ela.
Pergunta	- O que pode ser identificado com esta técnica? Os padrões de funcionamento dos sistema em questão; os jogos relacionais.

Título	⑦ PRINCIPAIS MOMENTOS DA VIDA
Objetivos	Auxiliar cliente e terapeuta a levantar e avaliar momentos importantes de vida do cliente.
Código	I C F G
Material	Caixa de recortes variados, papel, cola, lápis.
Consignas	"Escolhendo alguns recortes, monte uma sequência com as principais fases (momentos) de sua vida".
Variação	Pode pedir para desenhar figuras geométricas ao invés de recortes. Com casal pode pedir a sequência dos momentos importantes do casamento e para família, momentos importantes da família. Pode ser usada para avaliação do processo.
Observação	Explorar qual o movimento feito no passado, presente e a partir dessas informações, definir o movimento que irá escolher fazer no futuro.
Pergunta	- Como usar essa técnica nas diferentes situações? Com casais pode se utilizar de duas formas: ou cada membro do casal faz a história do casal e depois se compara e conversa sobre, ou o casal em conjunto faz uma história única. Com família é solicitado que todos juntos façam uma história única. Com grupos, solicita-se que cada participante faça a sua.

Título	⑧ SONHO MEU
Objetivos	Trazer a tona e proporcionar de forma lúdica, a discussão sobre insatisfações das pessoas nas relações familiares. Auxiliar o terapeuta a levantar pontos que necessitam ser trabalhados na família.
Código	F
Material	Cartolina ou papel em rolo, lápis, revistas, tesoura, cola.
Consignas	"Individualmente, façam um desenho do que gostariam que fosse diferente nesta família".
Variação	Pedir que escolham figuras que mostre o que gostariam que fosse diferente na família.
Observação	Após a aplicação dessa técnica pode ser de muita utilidade aplicar a técnica O QUE EU PRECISO MELHORAR (Pag 66 livro "123 técnicas de psicoterapia relacional sistêmica"),[12] para que as pessoas possam se responsabilizar pela sua parte nas relações sem culpabilizar ou depositar questões no outro.
Pergunta	- Se um dos membros da família sentir dificuldade, não conseguir ou se negar a desenhar? O terapeuta deve, inicialmente, insistir que desenhe explicando que não é a qualidade do desenho que está em questão, ou usando outros argumentos que facilitem a participação. No entanto, se a pessoa se mantiver na atitude negativa, o terapeuta deve cuidar para não se colocar numa posição de jogo de poder. Pode deixar que a situação se desenvolva e mudar o desfecho da técnica. Tudo dependerá do que ele achar que será útil trabalhar naquele momento do processo da família.

---

[12] ROSSET, S. M. 123 técnicas de psicoterapia relacional sistêmica. Belo Horizonte: ArteSã, 2013.

Título	⑨ BALÕES
Objetivos	Possibilitar ao terapeuta o mapeamento da respiração e expressão das emoções do cliente.
Código	I C F G
Material	Balões
Consignas	"Cada um vai encher a bexiga, o quanto conseguir com um sopro só... Agora, continuem a encher, com vários sopros... Continuem a encher até a bexiga estourar".
Variação	Pode-se solicitar que o cliente mapeie a sua respiração, preste atenção na forma como respira durante o exercício.
Observação	Muitas coisas podem vir a tona durante essa técnica. O cliente pode ter prazer em soprar até estourar ou pode apresentar medo. Após o exercício, circular os sentimentos, como perceberam sua respiração, semelhanças e diferenças entre os participantes. Esta é uma boa técnica com clientes deprimidos.
Pergunta	- Para que mapear a respiração? A forma como o cliente respira interfere de forma decisiva no padrão de funcionamento. É importante verificar o caminho do ar, o quanto ele inspira, se expira todo o ar para inspirar novamente e assim por diante.

Título	⑩ BALÕES 2
Objetivos	Possibilitar ao terapeuta o mapeamento da expressão da agressividade, e expressão de vários sentimentos através de metáforas.
Código	C F G
Material	Balões
Consignas	"Quero que cada um encha sua bexiga... circulem pela sala agora batendo na bexiga do outro sem deixar que batam na sua... agora batam com a bexiga no outro sem deixar que batam em você... agora tentem estourar a bexiga dos outros protegendo a sua até que reste só uma pessoa com sua bexiga inteira".
Variação	Podem fazer várias brincadeiras antes de passar para a fase de bater.
Observação	Essa técnica é muito rica, e pode trazer a tona muitas emoções e comportamentos. É importante observar quem bate mais, quem não reage, quem luta para manter sua bexiga, quem desiste fácil. Circular todos esses conteúdos fazendo a conexão com o padrão de funcionamento do cliente.
Pergunta	

Título	⑪ BALÕES 3
Objetivos	Possibilitar ao terapeuta trabalhar diversas questões simbolicamente ou através de metáforas.
Código	I C F G
Material	Balões e canetas.
Consignas	"Encha a sua bexiga. Comece jogando ela para o alto, tentando mantê-la leve, flutuando. Perceba como você faz o movimento para manter a bexiga equilibrada. Deixe que imagens invadam sua cabeça... Escolha uma dessas imagens e desenhe em sua bexiga".
Variação	Pode solicitar que as imagens sejam desenhadas em papel, e após o trabalho verbal pedir que o cliente queime o papel.
Observação	Trabalhar com balões tem várias possibilidades de trabalho lúdico, metafórico, corporal, energético. Vai depender da criatividade do terapeuta adequar ao objetivo do cliente.
Pergunta	

Título	⑫ JOGOS E BRINCADEIRAS INFANTIS
Objetivos	Proporcionar o desenvolvimento do cliente de forma lúdica. Desenvolver criatividade. Clarear, treinar e aprender a lidar com regras, limites e hierarquia.
Código	F G
Material	De acordo com o jogo ou brincadeira.
Consignas	De acordo com a brincadeira.
Variação	Pode-se fazer alterações nas consignas introduzindo regras ou alterações que possibilitem trabalhar temas ou comportamentos que os clientes estão precisando aprender.
Observação	Para utilizar técnicas lúdicas é importante que o terapeuta tenha clareza do seu próprio potencial lúdico. Se o seu potencial lúdico é pequeno, deve desenvolvê-lo. Lembrar que lúdico é brincar, pular, rir... É o que proporciona prazer, movimento, circulação, energia, som. A exploração da técnica lúdica envolve todas as relações.
Pergunta	- Quais os benefícios de trabalhar com o lúdico? A partir do desenvolvimento da criatividade o cliente poderá apresentar novos comportamentos e responder de forma diferente a situações que lhe acontece.

Título	⑬ TOMATE NO PÉ DE PIMENTA
Objetivos	Proporcionar ao cliente a tomada de consciência sobre a impossibilidade de tentar modificar o padrão alheio (do parceiro).
Código	I
Material	
Consignas	"Você já viu como é pimenta verde? Pesquise como faz para o pé de pimenta verde dar pimenta vermelha". Quando a pessoa voltar na próxima sessão: "E então o que você descobriu?" A partir da descoberta do cliente ou da colocação do terapeuta, a pessoa descobrirá que: " um pé de pimenta verde só poderá dar pimenta vermelha se for enxertado, adubado e regado cuidadosamente. Fazendo uma analogia com o seu relacionamento: "Você está disposto a adubar, enxertar, regar e cuidar do seu pé de pimenta verde? Ou: "Se você escolheu um pé de pimenta verde para se casar ou se relacionar, por que fica o tempo todo reclamando, criticando que não vai colher tomates vermelhos".
Variação	Uso de outras metáforas: metamorfose da borboleta, trem que sai dos trilhos, rolo compressor. Qualquer metáfora pode ser transformada em técnica, pois transforma a metáfora num sinalizador terapêutico.
Observação	Esta é uma técnica específica para relação de casal, mas que deve ser usada nas Terapias Individuais ou em Sessões individuais dentro do processo de terapia de casal.

Pergunta	- O que é uma metáfora? Algo ou algum acontecimento que tem funcionamento igual ao do cliente. - Como trabalhar essa técnica? Fazendo a analogia do funcionamento do cliente com a metáfora. Auxiliando o cliente a encontrar novas formas de lidar com suas insatisfações no relacionamento.

Título	(14) BARBANTES MÍTICOS
Objetivos	Proporcionar ao cliente trabalhar com questões familiares, edípicas e míticas através de um ritual, de forma inconsciente e irracional.
Código	I G
Material	Barbante e tesoura.
Consignas	"Usando o material disponível, corte 2 pedaços do barbante do tamanho que quiser. Agora pense na questão que estamos trabalhando e segure os barbantes na mão energizando-os.... Faça vários 'nós' ao longo de todo o barbante, conforme sua vontade.... Diga um número de 5 a 10... Esse é o número de dias que você vai esperar para começar a desmanchar os nós, sendo no máximo um nó por dia. Desata o nó e corta a ponta que sobra do nó desmanchado e queima. Até o último nó".
Variação	O número de barbantes pode variar conforme o objetivo a ser trabalhado. Quando forem questões edípicas trabalha-se com 2 barbantes, quando forem questões externas o cliente pode escolher um número de 1 a 10. Pode-se utilizar barbantes de 2 cores e de diferentes espessuras.
Observação	Nesta técnica é muito importante que o terapeuta esteja monitorando o cliente do início ao fim, seja através de consultas, telefonemas ou e-mails. Usa-se quando está trabalhando com pai, mãe e Avó/Avô mítico(a).

Pergunta	- Tem que desamarrar os nós na ordem? Sim, é natural seguir o caminho dos nós dados já que em seguida se queima o que sobrou. - Quem é a Avó/Avô Mítico? Dentro da terapia relacional sistêmica a visão dos sistemas é trigeracional. Para as mulheres a Avó Mítica é a mãe do pai, para os homens o Avô Mítico é o pai da mãe.[13]

---

[13] Rosset,S. M. Compreensão relacional sistêmica dos mitos familiares. Curitiba, 1993.

Título	⑮ COMO DESENCADEIA O PIOR DO PARCEIRO
Objetivos	Propiciar ao cliente a ampliação da consciência e da responsabilidade sobre seu padrão de funcionamento. Refletir sobre como seu padrão desencadeia comportamentos em seu parceiro.
Código	C
Material	Papel e lápis.
Consignas	"Liste as coisas que você acha ruim em seu parceiro e traga na próxima sessão individual" Na sessão individual, após a exploração da lista perguntar: "O que você acredita que faz que pode estar contribuindo para desencadear esse comportamento no seu parceiro?"
Variação	Pedir que liste pelo que o parceiro briga e depois refletir qual sua participação no processo.
Observação	Essa técnica é para ser utilizada com casais, mas a consigna deve ser dada na sessão de casal e a exploração da lista em sessões individuais. Isso é necessário para que o casal não utilize essas informações como armas de guerra. Na medida em que fica explícito para um dos membros do casal o que o outro faz que desencadeia seu comportamento indesejado, ele pode usar essa informação como álibi para não modificar o comportamento.

Pergunta	- O que fazer se o casal mostrar a lista um para o outro fora da sessão?
	Nas terapias de casal, sempre se corre o risco de os casais descumprirem as consignas em função de que a relação fora da sessão é muito intima e com alto teor emocional. Quando é muito importante, ou muito perigoso, que a consigna seja desobedecida deve-se avaliar com muito rigor se no padrão de funcionamento do casal existe esse comportamento. Se existir, ou não se trabalha a técnica ou se reforça a seriedade da consigna.
	Nesta técnica é importante essa avaliação.
	- E se esse comportamento gerar brigas?
	Trabalha-se na sessão os desencadeantes da briga, e contrata-se novas formas de funcionamento.

Título	(16) DESENHO CONJUNTO DE UMA SITUAÇÃO
Objetivos	Trabalhar simbolicamente determinado tema.
Código	C F
Material	Cartolina e giz de cera
Consignas	"Façam um desenho conjunto, onde uma pessoa inicia e o outro dá continuidade, usando como tema o "ciúme" entre vocês. Alguém deverá avisar quando estiver concluído".
Variação	Pode inserir qualquer tema, por exemplo, como lidam com doença, com morte, separação, etc.
Observação	Observar quem inicia, como é escolhido e como decidem quando está pronto. Compartilhar a experiência de como é seguir o desejo do outro e demais situações que ocorram.
Pergunta	- E se um deles fizer outro traço, não dando continuidade ao anterior? Deixa-se concluir a tarefa e no fechamento, trabalha-se a questão, fazendo ligação com as dificuldades e o padrão do casal ou da família.

Título	⑰ DEVER DE CASA
Objetivos	Possibilitar ao cliente uma reflexão para além da sessão terapêutica. Trabalhar a comunicação e expressão de sentimentos.
Código	I C F G
Material	Papel, revistas, tesoura e cola.
Consignas	"Traga para a próxima sessão figuras sobre essa questão que estamos trabalhando". Quando o cliente trouxer as figuras para a sessão, pedir: "Conte-me o que pensou e porque selecionou cada uma destas figuras... Monte um mosaico com as mesmas".
Variação	Pode solicitar que o cliente faça um desenho ou escreva algo.
Observação	
Pergunta	- E, se o cliente não fizer a tarefa? As tarefas prescritas para o intervalo entre as sessões têm como função aprofundar o que está sendo trabalhado naquele momento nas sessões, não só no conteúdo mas, principalmente no padrão de funcionamento do cliente. Então, o terapeuta agirá de forma coerente com o que for adequado às aprendizagens do cliente neste momento do processo.

Título	⑱ DRAMATIZAÇÃO COM OBJETOS PEQUENOS
Objetivos	Proporcionar ao cliente outra perspectiva/visão de uma mesma situação.
Código	I
Material	Caixa de ícones, tampinhas ou sucatas.
Consignas	"Usando essa caixa de objetos, monte uma cena com a situação que você me descreveu... Agora faça um diálogo entre as peças".
Variação	Pode pedir para o cliente montar uma imagem ou escultura da situação com os objetos. Pode usar os objetos da mesa de trabalho ou da sala.
Observação	Ao montar um teatro o cliente poderá "ver" a situação de outras maneiras. Explorar essas situações.
Pergunta	- Como o cliente poderá "ver" as situações de outras maneiras? A dramatização traz em si uma transformação, pois o cliente parte para a ação de forma lúdica, resgatando sua espontaneidade, que é fundamental para que aconteça uma aprendizagem ou mudança.

Título	⑲ CONCRETIZAR
Objetivos	Possibilitar ao cliente tornar concreta uma situação que tem pouco entendimento. Enxergar ângulos novos.
Código	C F G
Material	Variado.
Consignas	"Usando este material disponível, construa uma escultura que mostre como você enxerga a situação sobre a qual estamos falando".
Variação	Pode-se utilizar almofadas, jornais, tecidos ou outros objetos.
Observação	Mostrar ao cliente de uma forma concreta o que está acontecendo.
Pergunta	- Como tornar algo concreto pode ser útil para o cliente? Possibilita que ele enxergue outros ângulos da situação, e enxergue a situação com menor envolvimento.

Título	⑳ VIRANDO A PÁGINA
Objetivos	Oportunizar ao cliente a possibilidade de fechamento simbólico de situações pendentes.
Código	I G
Material	Espaço adequado.
Consignas	"Encontre uma posição confortável e feche os olhos. Lembre de situações de sua vida onde alguma coisa não ficou resolvida, fechada.... Agora, escolha mentalmente uma situação específica que lhe incomoda e que gostaria de fechar.... Imagine um corredor e construa portas... Mentalmente imagine uma série de portas... Veja-se abrindo e fechando essas portas... respirando fundo antes de abrir ou fechá-las. Cada vez que abrir uma porta mentalize que irá enxergar novos aspectos da situação escolhida... E ao fechá-la, a situação irá deixando seu pensamento, sem preocupações..."
Variação	Pode acrescentar consignas: "Durante os próximos 30 dias, toda vez que concretamente abrir ou fechar uma porta repita esta mentalização." e/ou Escolha uma figura que represente a situação que foi mentalizada. Leve essa figura para casa e coloque em um lugar onde ninguém mexa. Após os 30 dias, enterre a figura em algum lugar para que se decomponha transmutando a energia". Pode-se pedir para fazer um desenho da situação mentalizada e queimar após 30 dias. Pode ser adaptado para Casal e Família.

Observação	Trabalho grupal com ritual individual O terapeuta solicita aos elementos do grupo, que compartilhem as emoções e vivências que quiserem.
Pergunta	- O que fazer se o cliente não enterrar ou queimar a figura? Avalia-se na próxima sessão as razões, e define-se um novo prazo.

Título	㉑ TRANSFORMAÇÃO
Objetivos	Propiciar ao cliente vivenciar os passos e ocupar espaço. Tomar consciência da forma como se prepara, planeja e executa.
Código	G
Material	Espaço adequado.
Consignas	Imagine um local, deite e relaxe o corpo... Planeje engatinhar.. Engatinhe ... Planeje levantar... Levante ... Planeje andar ... Ande...primeiro ... segundo ... terceiro passo... Experimente tudo ... Volte para cá...
Variação	
Observação	Compartilhar as sensações e emoções que foram despertadas. Lançar perguntas do tipo: Como é planejar e depois executar? Facilita? Dificulta? Como você planeja e executa coisas em sua vida?
Pergunta	- A técnica pode ser usada em sessões individuais? Pode. No entanto ela é mais profunda num trabalho grupal.

Título	㉒ CONTATO E MAPEAMENTO DA AGRESSIVIDADE
Objetivos	Proporcionar ao cliente oportunidade de treinar novos comportamentos.
Código	I
Material	
Consignas	"Cada vez que sentir que pode ficar agressivo ou fizer algo agressivo lavar as mãos para marcar e se conscientizar. Refletir sobre o que provocou a agressividade e fazer um relatório".
Variação	Pode-se criar outros comportamentos substitutos como: tomar um copo de água, respirar profundamente três vezes, etc. Pode ser usado para outros comportamentos automáticos.
Observação	Para treinar novos comportamentos é importante que o cliente desenvolva sua percepção. Para aproveitar essa técnica em toda sua utilidade o terapeuta deve estimular a análise do cliente em relação ao que lhe deixa agressivo. Através da conscientização do que provoca seu comportamento agressivo, ele pode trabalhar para controlar a situação um ou dois momentos, evitando o comportamento agressivo. Devemos lembrar que existem muitas formas de demonstrar agressividade, inclusive de uma forma passiva. Nesses casos o cliente precisa primeiro tomar consciência de que aquele comportamento é agressivo para depois aprender a controlar o comportamento.
Pergunta	- Como o cliente vai tomar consciência da agressividade ou outro comportamento automático? É um processo, e é individual. Uma das formas é iniciar ficando atento à reação das pessoas às suas ações, depois aos seus sentimentos, depois às suas sensações.

Título	㉓ LIMITES
Objetivos	Possibilitar ao terapeuta e ao cliente, visualizar o padrão de funcionamento. Trazer à tona as questões relacionadas a colocar e invadir limites.
Código	F G
Material	Espaço adequado e almofadas.
Consignas	"Dividam-se em dois grupos... Um grupo deverá construir seu espaço com as almofadas disponíveis e não deixar que ninguém entre. O outro grupo deverá tentar entrar.... Agora, invertam os papéis..."
Variação	Se a sala for grande pode pedir que cada um monte seu espaço ao mesmo tempo, e deve defender o seu e invadir o dos outros simultaneamente. Todos terão que passar pela situação de defender seu espaço. Outra possibilidade é solicitar que monte seu espaço e o outro vai tentar colocar coisas dentro. Depois inverte.
Observação	Devem ser trabalhados tópicos como: quem invade, quem usa de manipulações para invadir, quem respeita, como cada um defende.
Pergunta	- E se um dos membros for muito agressivo a ponto de machucar os demais? Deve-se ficar atento à isso, e tomar medidas no momento antes que algo sério aconteça.

Título	㉔ DESENVOLVER PERTINÊNCIA
Objetivos	Auxiliar o terapeuta a refletir sobre a possibilidade de motivar o cliente para a terapia. Verificar a disponibilidade do cliente para o processo, à prontidão e consciência interna para a mudança.
Código	I G
Material	Papel e lápis.
Consignas	"Defina em 5 palavras o que você entende por Terapia. Agora escreva em 5 linhas o que você espera do processo terapêutico".
Variação	Fazer um desenho sobre o que você entende por terapia.
Observação	Técnica para inicio de psicoterapia quando o cliente não tem muita pertinência.
Pergunta	- O que é pertinência? É a prontidão para a mudança. O cliente que tem pertinência está disponível, pronto para ter consciência e responsabilidade sobre seu processo, tem vontade de mudar. Quando avaliamos pertinência avaliamos também o nível de cooperação (aceitar horário, fazer as tarefas, não ocultar informações) que também mostra a disponibilidade do cliente para o processo.

Título	25) INTRODUÇÃO DE UM TEMA
Objetivos	Auxiliar o coordenador a introduzir um tema ao grupo e identificar o que as pessoas já sabem sobre ele.
Código	C F G
Material	Papel e lápis.
Consignas	"Faça um desenho, que simbolize o que você sabe sobre esse tema".
Variação	Desenhar o que você intui ou imagina sobre este tema.
Observação	Quando os participantes concluírem o desenho, o coordenador solicita que os participantes falem sobre o desenho elaborado e façam uma correlação com o tema.
Pergunta	- O que fazer se alguém não fizer a tarefa? O terapeuta deve, inicialmente, insistir que desenhe explicando que não é a qualidade do desenho que está em questão, ou usando outros argumentos que facilitem a participação. No entanto, se a pessoa se mantiver na atitude negativa, o terapeuta deve cuidar para não se colocar numa posição de jogo de poder. Pode deixar que a situação se desenvolva e mudar o desfecho da técnica. Tudo dependerá do que ele achar que será útil trabalhar naquele momento do processo do grupo.

Título	㉖ PARCERIA
Objetivos	Circular e refletir sobre o funcionamento do cliente nas suas parcerias profissionais.
Código	I G
Material	Papel e lápis.
Consignas	"Liste as parcerias profissionais que você já teve. Agora liste: a) O que funcionou com cada um e o que não funcionou. b) O que você aprendeu com cada um. c) O que deixou de aprender. d) O que precisa desenvolver para trabalhar bem na próxima parceria".
Variação	Listar as parcerias que gostaria de ter e como gostaria que fosse.
Observação	Ao partilhar as experiências, o coordenador deverá ficar atento à qualidade das parcerias mencionadas, auxiliando o cliente a percebê-las, melhorá-las e corrigi-las para próximas associações. Ficar atento ao manejo de conflitos e do poder.
Pergunta	- Quais profissionais podem utilizar essa técnica: liberais, empresários, funcionários de uma empresa? Pode ser usado em qualquer parceria, dependendo só de definir o objetivo.

Título	27) FANTASIA DO PAPEL PROFISSIONAL
Objetivos	Avaliar os desejos e dificuldades do cliente em relação ao trabalho.
Código	I G
Material	Papel e lápis.
Consignas	"Liste suas fantasias (positivas e negativas) com relação à sua profissão. Agora liste as situações que acha mais difícil de lidar".
Variação	Listar a forma que seria ideal para você realizar o seu trabalho. O que você precisa aprender ou mudar nesse momento para trabalhar melhor?
Observação	
Pergunta	- E se o cliente ainda não tiver consciência dos seus desejos e dificuldades sobre seu trabalho? Pode-se ajudá-lo a refletir sobre a questão.

Título	(28) DESENHO DAS TERAPIAS
Objetivos	Auxiliar o cliente a identificar as aprendizagens que já fez em outras terapias.
Código	I C F G
Material	Papel e lápis.
Consignas	"Tragam para a próxima sessão um desenho sobre as terapias que já fez e um desenho que mostre as situações terapêuticas mais importantes que já viveu".
Variação	Um desenho que mostre o que gostaria de trabalhar na terapia.
Observação	Ao compartilhar sobre o processo desenvolvido em outras terapias, o terapeuta deve lembrar da questão ética, não devendo criticar ou comentar a atuação de colegas, mas sim devolver as questões ao seu cliente.
Pergunta	- O que fazer quando o cliente compara a terapia atual com as demais que já fez em outras terapias? Auxiliá-lo a enxergar o que aprendeu em cada processo; como poderia ter feito melhor uso de cada terapia e não fez; ajudá-lo a se responsabilizar pelas escolhas.

Título	㉙ MANUTENÇÃO DO CASAMENTO
Objetivos	Avaliar o que cada um pensa sobre as questões que mantém o casamento.
Código	C
Material	Papel, lápis de cor,
Consignas	"Individualmente, façam um desenho que mostre porque um casal fica junto".
Variação	Pedir que faça uma escultura ou uma colagem. Pode solicitar que desenhe porque um casal se separa, ou porque um casal tem ou não tem filhos, ou outro tema do casal.
Observação	Importante circular e trabalhar as diferenças que surgirem, assim como as semelhanças.
Pergunta	- Quando usar essa técnica? No início do processo terapêutico para avaliar objetivos da terapia; no andamento da terapia para avaliar as dificuldades que estão tendo.

Título	㉚ CASAL FELIZ/INFELIZ
Objetivos	Possibilitar ao terapeuta e ao cliente avaliar as referências sobre o que provoca felicidade ou infelicidade nos casais.
Código	C
Material	Papel e lápis.
Consignas	"Dos casais felizes que você conheceu, liste 3 características comuns a todos... Agora, liste 3 características comuns a todos os casais infelizes que você conheceu".
Variação	
Observação	Explorar cada lista e circular as emoções.
Pergunta	- Quando um dos clientes falar que só conhece casais infelizes? Pode-se avaliar o que havia de bom ou de útil ou de interessante nesses casais.

Título	㉛ HABILIDADES
Objetivos	Propiciar ao casal através de tarefas competitivas, a conscientização de que cada um tem habilidades diferentes, comuns e particulares.
Código	C
Material	Fio de naylon, miçangas de cores variadas.
Consignas	"Vou dar uma tarefa que deverá ser executada por vocês individualmente. Vocês tem aqui uma linha para cada um com miçangas colocadas em uma determinada disposição, cor, desenho. Respeitando esse padrão ao meu sinal comecem a tarefa, executando-a o mais depressa possível".
Variação	Pode ser utilizado quebra-cabeça, jogos de memória, caça palavras, dominó e outros.
Observação	Trabalhar os comportamentos que aparecem, tais como competição, autoridade, saber perder ou ganhar, morosidade, pressa excessiva. Estimular a reflexão sobre as diferentes habilidades que cada um demonstra no cotidiano.
Pergunta	- E se um termina a tarefa e o outro está no começo? Peça que aguarde o término da tarefa do outro e observa os comportamentos que aparecerão de ambos. - E se fizerem tudo diferente? Está será uma oportunidade de trabalhar as reações, o jogo, o padrão do casal.

Título	㉜ SINALIZAR E PARAR
Objetivos	Conscientizar e minimizar comportamentos que são repetitivos e que atrapalham a relação do casal.
Código	C
Material	Sinalizadores que podem ser cartões, cartas de baralho, pequenos objetos ou gestos.
Consignas	Todas as vezes que determinado comportamento (que o casal está trabalhando para eliminar) acontecer, aquele que perceber, usará o objeto para sinalizar. E o outro se esforçará para parar imediatamente sem se justificar. Podem escolher o sinalizador ou o terapeuta escolhe.
Variação	Após a situação ocorrida e tendo usado o sinal, ambos deverão conversar sobre o episódio e escrever o que aconteceu. Trazer o relatório na próxima sessão. Na véspera da sessão conversam sobre a tarefa e trazem o resultado para a sessão.
Observação	
Pergunta	- O que fazer se um usar a técnica para "atingir" o outro ou se sinalizar na frente de outras pessoas? Trabalha-se na sessão todos os comportamentos e desencadeantes da tarefa.

Título	33) DEMONSTRAÇÕES
Objetivos	Facilitar a percepção de como cada um do casal demonstra sentimentos.
Código	C
Material	Folhas de papel, lápis e borracha.
Consignas	"Liste neste papel como vocês demonstram raiva, amor, paixão, tristeza, ciúme e insatisfação para com seu parceiro(a). Se vocês lembrarem de mais conteúdos e de como demonstram, é só ir relacionando" Após a lista pronta: "Agora um de vocês comece lendo sua lista, e o outro apenas escuta, e eu vou anotando aqui no quadro". "Invertam os papéis" "Agora vamos conversar sobre estas listas. Cada um vai lendo e explicando ao outro, e à mim, de acordo com as perguntas feitas por nós."
Variação	Construir a lista de acordo com os temas, as questões, as dificuldades e aprendizagens necessárias de cada casal.
Observação	Conversar com o casal sobre a lista, sinalizando o que percebe.
Pergunta	- E se o outro tenta justificar as colocações? Você relembra que a tarefa é ouvir num primeiro momento, e num segundo momento fazer perguntas. Isto é que é permitido. - E se começam a relembrar coisas do passado, acontecidas a muito tempo? O terapeuta deve intervir, explicando que o que ficou para trás não pode ser resolvido, e que vamos tratar dos comportamentos atuais e não as situações passadas. - E se o parceiro não entender o que o outro falou? Pode-se pedir que exemplifique.

Título	③④ FIGURA REPRESENTATIVA
Objetivos	Explicitar o que cada um no casal acha que o outro precisa aprender.
Código	C
Material	Caixa com figuras variadas
Consignas	"Um de cada vez irá tirar uma figura desta caixa de olhos fechados. Agora olhe para sua figura e um de cada vez, fale para seu parceiro(a) tudo que você acredita que ele(a) precisa aprender. Entregue a figura a ele(a).
Variação	Agora fechem os olhos... pensem em tudo que falou para o outro... Reflita neste momento, sobre o que tem de seu naquilo que foi dito ao seu parceiro(a) sobre as coisas que ele(a) precisa aprender... Agora, mentalmente, diga as mesmas coisas a você mesmo(a)...".
Observação	Após a técnica o terapeuta pode conversar sobre os temas abordados, perguntando se realmente as coisas que falou ao parceiro (a) lhe servem e de que forma.
Pergunta	- E se alguém achar que não há nada de seu nas coisas que disse ao parceiro? ou que a figura não lhe diz nada? ou que o parceiro já é completo? Todas as reações que os clientes tiverem às propostas devem ser avaliadas em função dos dados de realidade, do padrão de funcionamento individual e do casal e do jogo relacional do casal. O encaminhamento que o terapeuta dará dependerá disso e será sempre buscando ser útil para os clientes.

Título	**35) EU AO INVÉS DE VOCÊ**
Objetivos	Desenvolver novas habilidades na comunicação dos participantes. Proporcionar a cada membro do casal a percepção de seu sentimento com relação as situações ao invés de focar a ação do outro.
Código	C F G
Material	
Consignas	"Durante a sessão de hoje, vocês vão fazer algumas mudanças na forma de comunicação. Toda vez que for reclamar, acusar, observar algo em relação a outra pessoa, ao invés de dizer como a pessoa portou-se diante da situação, cada um irá fazer a inversão do "você" para "eu". Por ex: "Você" chegou tarde... Esta fala deverá ser trocada por outra que diga como você sentiu-se, por exemplo: "Eu fiquei magoado quando você chegou tarde da noite ontem."
Variação	Pedir que cada um conte uma situação que ocorreu na quinzena, trocando a acusação que fez pela expressão do que sentiu. Treinar no intervalo entre as sessões.
Observação	Essa técnica é muito útil para trabalhar a responsabilidade de cada um por seus sentimentos e a exposição dos mesmos.
Pergunta	- O que fazer se eles tiverem dificuldades em se posicionar dessa maneira? Certamente terão dificuldades no início, e por isso a tarefa é importante. Por isso deve-se esclarecer que é um exercício lento, gradual e que exige persistência.

Título	㊱ EROTIZAÇÃO
Objetivos	Proporcionar ao casal tomada de consciência de seu próprio corpo e de sua sexualidade.
Código	C
Material	
Consignas	"Cada um, duas vezes nesta semana, quando vocês forem dormir, deverá preparar algo erótico para surpreender seu parceiro(a). Usem a imaginação, ousem, fantasiem... o importante é que seja algo que fuja da rotina. É muito importante que vocês se preparem para estes dias, imaginando o que o outro gostaria, o que surpreenderia, o que excitaria mais... devem pensar em agradar o companheiro(a)"
Variação	
Observação	Na próxima sessão o terapeuta pede que relatem a experiência, procurando explicitar o objetivo traçado.
Pergunta	- E se eles não souberem o que fazer? O terapeuta pode auxiliá-los, conduzindo a situação de maneira a que liberem suas fantasias e participem da construção das situações hipotéticas. - E se aparecer falta de tempo? O terapeuta deve provocar reflexões no sentido de perceberem o quanto o casal realmente quer uma mudança na relação, e o que podem fazer dentro das situações reais da vida. - E se o filho dormir no mesmo quarto? Esta questão deverá ser amplamente trabalhada, (no sentido de retirar o filho do quarto do casal) e se for inviável no momento, o terapeuta trabalhará a situação de modo que a consigna seja executada da mesma forma. Por exemplo: ir à motel, levar a criança para dormir na avó, "brincar" em outro ambiente.

Título	㊲ JOGOS CORPORAIS
Objetivos	Possibilitar ao terapeuta avaliar a dinâmica do casal.
Código	C
Material	
Consignas	"Fiquem de lado um para o outro, deem as mãos e coloquem o pé encostado, um no outro. Sem mover os pés cada um vai tentar desestabilizar o outro."
Variação	Costas com costas. Pode ser usado em outras duplas relacionais.
Observação	
Pergunta	- O que fazer depois de executado o exercício? Deve-se conversar sobre o sentimento de cada um na execução, fazendo um comparativo de como funcionam na vida como casal.

Título	㊳ USO E ABUSO
Objetivos	Possibilitar a conscientização dos usos e abusos que a pessoa faz do poder que tem.
Código	I C F G
Material	Papel e lápis.
Consignas	"Liste: Que usos você faz do poder Que abusos você faz através do poder Que utilidade tem o que lhe dá poder".
Variação	Além do poder pode-se trabalhar outros temas como por exemplo, medo, pedindo para listar as mesmas coisas. (Que usos você faz do medo, que álibi ele fornece, etc). Pode-se também pedir que liste o que faria se tivesse o poder que deseja.
Observação	Pode ser usada em várias situações adaptando ao cliente e a necessidade do momento presente.
Pergunta	- E se o cliente não souber que poder tem? O terapeuta deverá ajudá-lo a perceber. Deverá também desmistificar "o que é poder". As vezes o cliente não percebe que através da doença, por ex, ele acaba tendo poder sobre os outros.

Título	39) VINCULOS IMPORTANTES
Objetivos	Observar o padrão de relações que o cliente desenvolveu durante sua vida.
Código	I G
Material	Papel e caneta
Consignas	"Listar as pessoas mais importantes de cada fase da sua vida". Descreva as características do vínculo com cada uma. Reflita sobre o que aprendeu com cada uma, o que poderia ter aprendido e não aprendeu. Avaliar o que se repete e como fazer para alterar isto.
Variação	
Observação	
Pergunta	- O que fazer se o cliente não consegue enxergar quais foram as pessoas mais importantes ou aprendizagens aprendidas ou possíveis? O terapeuta deve ajudá-lo a avaliar.

Título	㊵ EXPECTATIVAS DA RELAÇÃO
Objetivos	Proporcionar ao terapeuta uma avaliação das expectativas de cada membro sobre a relação do casal
Código	C
Material	Papel e material de desenho.
Consignas	"Faça um desenho que represente /simbolize o que deseja da relação de casal."
Variação	Feche os olhos e deixe vir uma imagem relacionada com casamento ou uma imagem do que é um bom casamento ou uma imagem do que eu quero de um casamento.
Observação	Trabalhar qual é a expectativa que o casal tem, se está muito aquém ou muito além da realidade atual; se são muito diferentes ou diferentes entre si.
Pergunta	- Essa técnica pode ser usada com casais que ainda não são casados? Sim. E é muito útil com casais que estão planejando formalizar a relação.

Título	41 TOALHAS
Objetivos	Avaliar o padrão relacional do casal.
Código	C
Material	Toalhas.
Consignas	'Vocês tem essas duas toalhas, o espaço e o corpo de vocês. Façam algo com elas."
Variação	Representem a relação de vocês com essas duas toalhas. Pode também utilizar a caixa de ícones, guardanapos coloridos, bexigas de escultura, ou outros.
Observação	O terapeuta deve estar atento ao nível de agressividade do casal, pois essa técnica pode gerar demonstrações que passem do limite aceitável. Sempre deixar claro nessa técnica que as regras básicas são: não se machucar, não machucar o outro e não destruir a propriedade em volta.
Pergunta	- Se perguntarem fazer o que? Ou como? Esclarecer que não tem um jeito certo, que é importante fazerem como quiserem.

Título	42) MASSAGEM COM PAPEL
Objetivos	Proporcionar ao terapeuta a percepção de como o casal funciona com relação à proximidade, afetividade.
Código	C
Material	Folhas de papel fino.
Consignas	"Usando os papéis disponíveis façam massagem um no outro."
Variação	Usando papéis disponíveis, faça uma massagem em seu parceiro mostrando lugares que gosta de ser tocado. Depois inverte. Pode se usar tecidos ou outros materiais inusitados mas que possibilitem a massagem.
Observação	O terapeuta pode explorar as sensações dialogando com o casal.
Pergunta	- E se eles não quiserem porque têm vergonha? O terapeuta deve sempre respeitar a intimidade do casal, mas tomando cuidado para não ser conivente com o padrão disfuncional deles.

Título	㊸ "COMUNIZAR"
Objetivos	Integrar um grupo e trabalhar seu espaço comum. Auxiliar o terapeuta a finalizar o trabalho motivando as pessoas a reproduzir o que aprenderam.
Código	G
Material	Lápis preto e de cor, papel sulfite, recipiente para queimar papel, fósforo.
Consignas	"Reúnam-se em grupos de 3 ou 4 pessoas e conversem até descobrirem uma característica comum de todas as pessoas do grupo... Agora cada um faz um desenho desta característica. Um representante de cada grupo vai ao centro e mostra os desenhos, contando sobre a característica comum." "O grupo de representantes, assessorado pelos demais membros que ficam atrás deles, conversam até descobrir uma característica comum a todos os grupos, ou a todos os elementos de todos os grupos... Cada representante, auxiliado por seu grupo, faz um desenho representando essa característica comum a todos os elementos..."
Variação	Deixam-se todos os desenhos arrumados em um espaço especial da sala durante todo o trabalho. No final do curso, queimam-se os desenhos e repartem-se as cinzas para que cada um semeie em seu espaço pessoal as boas sementes que levou do curso. Abre-se um espaço no final para compartilhar e despedir-se.
Observação	
Pergunta	- Essa técnica pode ser utilizada para finalização de terapia com casais e família? É uma boa possibilidade.

Título	㊹ SIMBOLIZANDO UMA DIFICULDADE
Objetivos	Propiciar ao cliente trabalhar simbolicamente situações difíceis.
Código	G
Material	Caixa de recortes, recipiente para queimar papéis, fósforo.
Consignas	"Eu tenho no centro do grupo uma caixa de recortes... Pensem em uma dificuldade que tenham com uma pessoa, ou uma situação inacabada, um impedimento... Agora retire da Caixa, uma figura que simbolize o que vocês escolheram para trabalhar." Abre-se para o grupo compartilhar as emoções e vivências ocorridas e as situações semelhantes.
Variação	Em seguida cria-se um ritual para queimar esta figura, que pode ser na própria sala, ou levar para casa. Na sessão seguinte, no caso de ser feita a queima em casa, relatar como foi a experiência.
Observação	
Pergunta	- O que se trabalha após identificar as situações difíceis? Trabalhos específicos de cada indivíduo ou do grupo como um topo, com os temas que aparecerem.

Título	㊺ O QUE EU ESPERO
Objetivos	Verificar expectativas do cliente e reduzir a ansiedade diante de situações novas.
Código	G
Material	Objetos diversos
Consignas	"Escolha e pegue objetos da sala para representar o que você veio buscar neste trabalho. Agora, um de cada vez, aleatoriamente, poderá falar sobre o que este objeto representa e o porque de sua escolha."
Variação	Escolher um objeto que trouxe consigo (da bolsa, pasta ou bolso) para representar o que veio buscar no trabalho.
Observação	Técnica apropriada para início de trabalho (sessão de terapia, grupos de estudo, curso)
Pergunta	- E se alguém disser que nada representa o que veio buscar? Pode pedir para desenhar ou escolher um objeto que se aproxime.

Título	㊻ APRENDIZAGENS
Objetivos	Conscientizar o cliente de uma aprendizagem necessária através de projeção sobre algum material.
Código	I
Material	Material que possibilite projeção.
Consignas	"Escolha sem olhar, um desses materiais (carta de baralho, figura da caixa de figura, página de livros...). Olhe bem e reflita: Qual é a aprendizagem que ela indica como necessária para você neste momento? "
Variação	Pode-se usar figuras tipo borrões.
Observação	Explorar a projeção feita, buscando uma interpretação concreta, condizente com a percepção do momento e das questões levantadas pelo cliente. Ser cuidadoso no sentido de não inventar coisas, ou projetar coisas que não são do cliente.
Pergunta	- O que fazer se o cliente não conseguir associar a projeção do material com suas aprendizagens? O terapeuta pode ir levantando hipóteses para auxiliá-lo a enxergar.

Título	㊼ PAPEL PROFISSIONAL
Objetivos	Facilitar uma maior compreensão ao cliente sobre a escolha e dificuldades profissionais.
Código	G
Material	Espaço adequado.
Consignas	Em pé, 2 a 2, de costas, relaxadamente, apoiando-se um no outro, fechem os olhos... Lembre do dia em que você decidiu ter essa profissão... qual cena, ou situação desencadeou esta decisão? ... Agora, vire-se e compartilhe com seu(a) parceiro(a) a cena e situação primária e a sua decisão de escolher esta profissão,. Compartilhar com o grupo esta sua experiência."
Variação	Começar pedindo que liste as características de um bom profissional. Após o exercício pedir que relacione a experiência com as características que listou inicialmente.
Observação	
Pergunta	- Essa técnica pode ser usada para qualquer profissão? Para qualquer profissão dependendo do objetivo, e também pode ser adaptada para outras situações de vida.

Título	㊽ ANDANDO NA ESTRADA
Objetivos	Proporcionar ao cliente oportunidade de resgate de situações ou sentimentos inacabados.
Código	I G
Material	Papel e lápis preto e de cor
Consignas	"Procure uma postura relaxada, feche os olhos, respire profundamente... Visualize uma estrada... ande por ela... Permita-se encontrar coisas, pessoas presentes e ausentes, ou situações que não ficaram resolvidas para você... Abra os olhos e desenhe as imagens que apareceram. Compartilhe com o grupo."
Variação	Direcionar para encontrar pessoas ou situações definidas, de acordo com o que estiver sendo trabalhado ou com as aprendizagens necessárias no momento.
Observação	
Pergunta	- O que fazer se o cliente entrar em contato com suas emoções quando estiver realizando a técnica? (choro, medo, raiva, alegria...) Quando o terapeuta propuser esta técnica deve estar preparado para lidar com uma possível catarse emocional que possa acontecer. Se ela ocorrer, deverá contê-la e depois integrá-la no padrão de funcionamento do cliente.

Título	㊾ ESPALHANDO CINZAS
Objetivos	Proporcionar fechamento de situações, de aprendizagens realizadas ou de processos terapêuticos.
Código	I G
Material	Caixa de recortes, revistas, recipiente para queimar, envelopes, fósforo.
Consignas	"Escolhe uma figura que represente, ou simbolize o que aprendeu no curso/na terapia/no processo. Fale um pouco... Agora vamos queimar a figura aqui neste recipiente... Cada um pega um pouco de cinzas e coloca no seu envelope... Estas cinzas deverão ser "plantadas" em algum lugar, simbolizando suas aprendizagens. Elas irão crescer para o mundo..." Quem quiser, poderá também espalhá-las, como símbolo de disseminação de suas aprendizagens."
Variação	Pode-se usar como adubo para uma planta, para que cresça e floresça.
Observação	Técnica indicada para fechamento de curso, de processo terapêutico.
Pergunta	- O que fazer se a pessoa não acredita? Explica-se o que é uma tarefa simbólica e insiste para que faça.

Título	60 EU PROFISSIONAL
Objetivos	Clarear padrão de interação e padrões profissionais
Código	I G
Material	Papel e lápis colorido
Consignas	"Feche os olhos e deixe vir uma imagem referente à "Eu profissional" Agora desenhe... Mostre seu desenho e compartilhe com os colegas sua experiência."
Variação	Pegar uma figura sem escolher e descrever a questão de "Eu profissional" com alguns tópicos ou palavras. Pode se utilizar para outras questões ou outras profissões ou outros papéis.
Observação	
Pergunta	- O que fazer com o desenho ou figura depois da descrição da profissão? Pode deixar à critério do cliente ou definir algo coerente com o processo: deixar exposto, guardar, queimar.

Título	(51) EXPECTATIVAS E DESEJOS
Objetivos	Levantar expectativas em relação a um curso ou terapia ou processo
Código	G
Material	Envelopes, caixa de recortes.
Consignas	"Cada um de vocês escolhe algumas figuras ao acaso: • Uma que simbolize seus desejos em relação ao curso, • outra que simbolize suas fantasias positivas e, • uma terceira que simbolize suas fantasias negativas. Agora cada um fala rapidamente de sua experiência, das figuras e das conclusões...
Variação	Levantar expectativas com relação a outras situações: inicio de um novo emprego, novo relacionamento, de um novo curso, faculdade. Marque os números 1, 2, e 3 nas figuras e deixe-as guardadas no envelope." Guardar e rever no final do curso/terapia/processo. Pode voltar a trabalhar com a técnica, queimando as figuras e espalhando as cinzas.
Observação	
Pergunta	- Pode usar essa técnica com pessoas que ainda não escolheram uma profissão, que estão em processo de Orientação Profissional? Poderia ser útil. Essa técnica, e algumas variações dela, poderiam ajudar no processo de tomada de consciência das fantasias e preconceitos que têm sobre as profissões.

Título	**62） LISTA DAS ESCOLHAS**
Objetivos	Possibilitar ao cliente enxergar as aprendizagens e mudanças necessárias, assim como se responsabilizar pelas suas escolhas.
Código	I C F G
Material	Papel e lápis
Consignas	"Faça uma lista citando coisas que você escolheu fazer e se arrependeu e coisas que você não escolheu mas fez"... "Agora escreva o que você aprendeu ou o que poderia ter aprendido e não aprendeu com cada um dos itens da lista"
Variação	Dramatizar ou desenhar algo que represente essa questões.
Observação	Estar bastante atento(a) para as situações que levam o cliente a fazer escolhas ou não, e responsabilizar-se por elas.
Pergunta	- O que fazer se a pessoa não tem consciência das suas escolhas? O terapeuta irá auxiliá-lo a enxergar.

Título	53) APRESENTAÇÃO SIMBÓLICA
Objetivos	Proporcionar ao cliente falar de si de forma descontraída.
Código	I G
Material	Guardanapos coloridos.
Consignas	Escolha um lugar no espaço... Usando os guardanapos coloridos faça uma dobradura ou algo que represente quem você é hoje... Fale sobre o que você fez...
Variação	Escolha um som para o que você confeccionou... Nas situações em grupo, pode-se fazer a interação do que foi confeccionado.
Observação	Pode ser adaptado para situações de terapia de família.
Pergunta	

Título	**64** DESEJO DE TER SUA PROFISSÃO
Objetivos	Organizar e avaliar suas escolhas profissionais
Código	G
Material	
Consignas	"Fique numa posição confortável, recolhida, feche os olhos, respire devagar... Visualize-se como bebê, e de 5 em 5 anos até sua idade atual... Recorde, ou deixe-se intuir, quando, como e porque desejou/decidiu ser terapeuta... Escolha mentalmente algum objeto que faça parte de sua vida cotidiana para simbolizar essa escolha/decisão... Agora abra os olhos e compartilhe com o grupo as recordações, vivências e emoções..."
Variação	Ao invés de objeto pode se usar um desenho. Definir através do grupo e da própria sensação, como usar o objeto/símbolo para melhorar suas questões profissionais.
Observação	
Pergunta	- Como assim, usar objeto símbolo para melhorar as questões profissionais? Usá-lo como metáfora do que precisa aprender, ou do que gostaria que acontecesse, ou do que precisaria mudar. - Pode ser usado no Individual? Sim. Mas nas situações de Grupo a energia grupal possibilita um nível de maior profundidade e envolvimento. - Poderia ser usado num processo de Orientação Profissional? Sim, se houvesse condições para isso.

Título	65) REPETIÇÃO DA HISTÓRIA
Objetivos	Exercitar a comunicação. Proporcionar ao cliente oportunidade de refletir sobre seu padrão de comunicação.
Código	F G
Material	História
Consignas	O grupo escolhe um dos membros para sair fora da sala... O coordenador sai também e lhe conta uma pequena história"... "Esta pessoa chama alguém da sala e conta essa mesma história e entra novamente para o grupo. A pessoa para quem contou a história chama o próximo e assim por diante, até que todos a conheçam... A ultima pessoa que receber a história entra e a conta para o grupo. Conversam sobre as distorções e outros fenômenos comunicacionais que ocorrerem.
Variação	Pode manter as pessoas dentro da sala e contar a história em voz baixa, no ouvido.
Observação	Circular as diversas formas de comunicação e enfatizar aos participantes as diferenças entre a linguagem digital e analógica.
Pergunta	- O que é linguagem digital e linguagem analógica?[14] Digital é o dado, é o conteúdo, as palavras. Analógico é a forma como foi dita, o tom de voz, a comunicação não verbal.

---

[14] WATZLAWICK, P.; BEAVIN, J. H.; JACKSON, D. D. Pragmática da comunicação humana. São Paulo: Cultrix, 1981.

Título	66 SIGNIFICADOS
Objetivos	Exercitar a comunicação. Proporcionar ao cliente oportunidade de refletir sobre seu padrão de comunicação. Trabalhar as diferenças de pontuação na comunicação.
Código	F G
Material	
Consignas	O terapeuta diz uma frase e pergunta a cada um o que essa frase quer dizer... Cada um escreve o que acha que significa e depois compartilha com o grupo ... Depois o terapeuta trabalha o significado real da frase, dentro do contexto a qual foi retirada.
Variação	Pode –se usar uma história e cada um escreve o sentido ou a moral da história.
Observação	Tomar muito cuidado com os pressupostos comunicacionais sistêmicos
Pergunta	- O que são pressupostos comunicacionais sistêmicos? É a compreensão de que a comunicação é um processo circular, retro alimentador.[15] - O que é pontuação na comunicação? É a forma como cada pessoa vê como mais importante um ou outro fato ou lance da comunicação ou da ação.[16]

[15,16] Watzlawick, P.; Beavin, J. H.; Jackson, D. D. Pragmática da comunicação humana. São Paulo: Cultrix, 1981.

Título	57) MÍMICA DE FILMES
Objetivos	Exercitar a comunicação. Proporcionar ao cliente oportunidade de refletir sobre seu padrão de comunicação. Treinar outras formas de comunicação além da verbal.
Código	F G
Material	
Consignas	Cada participante faz mímicas apresentando o nome de um filme conhecido e os outros tentam adivinhar qual é o filme.
Variação	As regras podem ser definidas a partir das necessidades de aprendizagem de cada grupo.
Observação	
Pergunta	- Qual é a utilidade dessa técnica? Desenvolver a criatividade, desenvolver novas formas de comunicação, flexibilizar,

Título	68) COMPREENSÃO DO TEXTO
Objetivos	Exercitar a comunicação. Proporcionar ao cliente oportunidade de refletir sobre seu padrão de comunicação.
Código	C F G
Material	Texto
Consignas	Dar um texto aos participantes e pedir que cada um estabeleça quais os itens mais significativos ou importantes do relato. Depois cada um apresenta sua visão.
Variação	Dependendo do texto escolhido: pedir que respondam o que é certo ou errado; ou quais são as causas dos acontecimentos; ou quem é o culpado ou responsável por algo.
Observação	A importância desse exercício é trabalhar as diferenças de pontuações que cada pessoa dá aos fatos e relatos, ajudando os clientes a entenderem que não existe uma compreensão certa mas sim formas individuais, pontuações individuais.
Pergunta	- O que significa pontuação[17] nesse contexto? É a forma como cada pessoa vê como mais importante um ou outro fato ou lance da comunicação ou da ação.

---

[17] Watzlawick, P.; Beavin, J. H.; Jackson, D. D. Pragmática da comunicação humana. São Paulo: Cultrix, 1981.

Título	�59 EXERCÍCIO DOS 9 PONTOS
Objetivos	Desenvolver capacidade do cliente de olhar um problema por outros ângulos, ampliar a percepção, compreender que existem maneiras diferentes de ver o mesmo problema/situação.
Código	I
Material	Uma folha de papel com os 9 pontos
Consignas	"Ligue os 9 pontos ABAIXO com quatro retas, sem tirar o lápis do papel: • • • • • • • • • Dá-se um tempo. Quando não houver solução, o terapeuta mostra como seria, e coloca as interpretações metafóricas do exercício. Se o cliente solucionar o terapeuta só fará as interpretações.

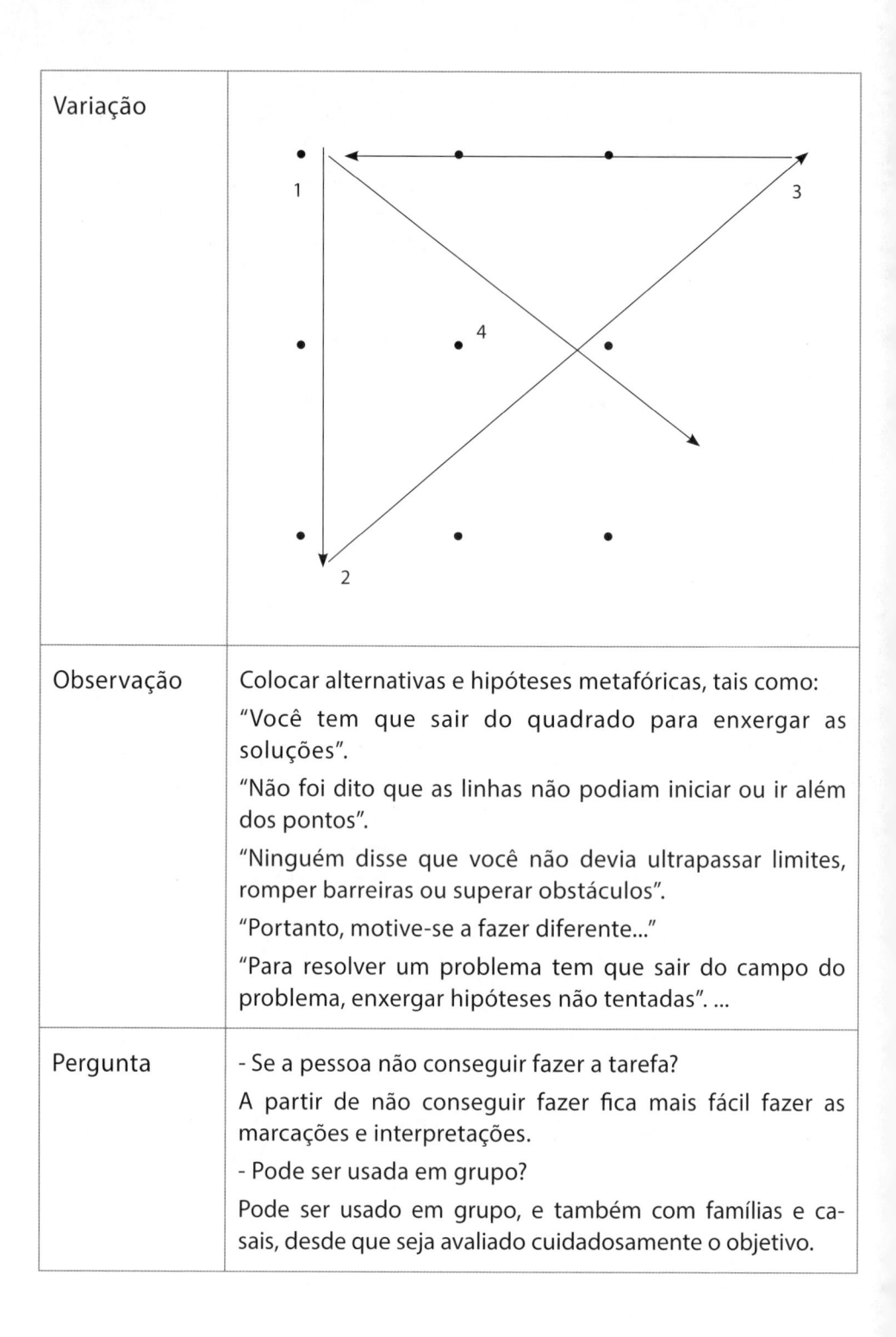

Variação	(diagrama com 9 pontos em grade 3x3 e linhas formando o traçado da solução, com os números 1, 2, 3 e 4 indicando a sequência)
Observação	Colocar alternativas e hipóteses metafóricas, tais como: "Você tem que sair do quadrado para enxergar as soluções". "Não foi dito que as linhas não podiam iniciar ou ir além dos pontos". "Ninguém disse que você não devia ultrapassar limites, romper barreiras ou superar obstáculos". "Portanto, motive-se a fazer diferente..." "Para resolver um problema tem que sair do campo do problema, enxergar hipóteses não tentadas". ...
Pergunta	- Se a pessoa não conseguir fazer a tarefa? A partir de não conseguir fazer fica mais fácil fazer as marcações e interpretações. - Pode ser usada em grupo? Pode ser usado em grupo, e também com famílias e casais, desde que seja avaliado cuidadosamente o objetivo.

Título	60 RECAÍDAS
Objetivos	Auxiliar o cliente a lidar de forma positiva e útil com as recaídas.
Código	I G
Material	Papel e lápis.
Consignas	"Em uma linha, faça uma retrospectiva dos acontecimentos desde o momento em que aconteceu a recaída até dois dias antes, marcando nela todos os fatos que você considera importantes no processo" "A partir dessa retrospectiva, quais os sinais que você identificou e deve ficar atento?"
Variação	Pode-se solicitar para fazer uma retrospectiva de horas antes, ou dias antes da recaída. Pode-se prescrever uma recaída.
Observação	Essa técnica é muito útil para trabalhar de forma criativa e flexível as recaídas do clientes. O terapeuta deve deixar claro que através das recaídas é possível avaliar o quanto já aprendeu e o quanto falta aprender sobre determinadas situações. É uma forma de mapear em que ponto do processo o cliente se encontra e quais movimentos deve fazer para continuar caminhando.
Pergunta	- Quando prescrever uma recaída? Quando o cliente está muito bem em relação ao comportamento trabalhado.

Título	⓺⓵ RISCOS
Objetivos	Auxiliar o cliente a desenvolver pertinência para mexer em determinado assunto. Dar um tempo necessário entre tocar num assunto e começar a fazer mudanças relacionadas à ele.
Código	I
Material	Caixa de recortes
Consignas	Retire, sem olhar, uma figura da caixa de recortes. Ela vai simbolizar todos os riscos que você corre de mexer nessa questão. Leve para casa e queime devagar, um pouco cada dia.
Variação	Dependendo do padrão de funcionamento do cliente e das aprendizagens que ele precisa ter, pode-se dar consignas mais específicas – tantos pedaços, tantos dias - ou deixar para ele definir.
Observação	
Pergunta	- O que fazer se o cliente não queimar ou parar de queimar a figura? Refletir sobre seu comportamento, seu padrão, suas razoes e trabalhar o que for necessário.

Título	62 PAPEL A SER ABERTO
Objetivos	Auxiliar o cliente a fortalecer uma ideia ou autoimagem a ser desenvolvida
Código	I
Material	Papel
Consignas	O terapeuta escreve num papel: Repita x vezes ao dia, alto, baixo, em pensamento, em frente ao espelho, como um mantra, a seguinte frase: "Eu me basto." Lacra o papel e passa a seguinte consigna: "Daqui a 7 dias você abre o papel e cumpre o que estiver escrito.
Variação	O conteúdo da frase variará de acordo com o assunto que estiver sendo trabalhado e a técnica estiver sendo útil. (Eu tenho força; eu tenho proteção; eu sou capaz...)
Observação	O tempo para abrir o papel será definido aleatoriamente ou em função de conteúdos trabalhados na sessão.
Pergunta	- Quem define o tempo, cliente ou terapeuta? O terapeuta, aleatoriamente ou em função de algum fato ligado aos conteúdos trabalhados. Ou, poderá criar uma forma que, o próprio cliente definir, p. ex. " Diga um número de 1 a 10".

Título	63) DESENHAR AUTOIMAGENS
Objetivos	Projetar as várias imagens que o cliente tem de si mesmo, possibilitando trabalhá-las depois de tomar contato.
Código	I
Material	Papel e material de desenho
Consignas	Desenhe nesta folha "a (por ex) competente". E agora desenhe "a incompetente".
Variação	Fazer de um lado da folha um dos desenhos e no verso o oposto. Fazer em duas folhas separadas e depois numa terceira folha ir trabalhando o que os dois desenhos têm em comum e o que têm de diferente.
Observação	Em cada situação, com cada cliente as imagens serão diferentes, e o trabalho terapêutico poderá ser diferente. Um cuidado importante é integrar as imagens e não polarizá-las.
Pergunta	- O que fazer depois de aplicar essa técnica? Pode deixar exposta para refletir ou desencadear aprendizagens; realizar algum ritual terapêutico; ou ver com o cliente o que ele deseja fazer.

Título	64 CONSTRUIR AUTOIMAGENS
Objetivos	Projetar as várias imagens que o cliente tem de si mesmo, possibilitando trabalhá-las depois de tomar contato com elas
Código	I
Material	Material que possibilite construção – sucata ou outros.
Consignas	Usando o material construir (por ex) "o filhinho da mamãe". Depois, construir "o homem competente". Vamos trabalhar fazendo uma terceira construção integrando estes dois, simbolizando as mudanças que você quer/precisa fazer.
Variação	
Observação	Esta técnica pode ser realizada como sequência da técnica DESENHAR AUTOIMAGENS, ou sozinha.
Pergunta	- O que fazer depois de aplicar essa técnica? Pode deixar exposta para refletir ou desencadear aprendizagens; realizar algum ritual terapêutico; ou ver com o cliente o que ele deseja fazer.

Título	⑥⑤ FAZER PELO OUTRO
Objetivos	Desenvolver disponibilidade e boa vontade no casal. Ajudá-los a trazer à tona bons sentimentos com relação aos parceiros.
Código	C
Material	Caixa de recortes
Consignas	Cada um vai retirar da caixa de recortes uma figura que vai simbolizar o que está impedindo ou atrapalhando de realizar determinada aprendizagem. Depois de conversarem sobre os temas, o terapeuta vai pedir que cada um pegue a figura do outro, leve para casa, e queime. Mas, só queime quando estiver com um real desejo de ajudar o parceiro a realizar suas aprendizagens.
Variação	
Observação	É uma técnica para ser usada quando o casal já está engajado no processo de mudança.
Pergunta	- O que fazer se um queimar a figura e o outro não? É um dado a ser trabalhado futuramente.

Título	66) ALIVIAR O QUE ATRAPALHA
Objetivos	Auxiliar os clientes a compreenderem que precisam unir forças para resolverem as dificuldades
Código	C F
Material	Caixa de recortes
Consignas	Cada um vai tirar da caixa de recortes uma figura que vai simbolizar sua parte que atrapalha o bom relacionamento. Após conversarem sobre os temas, o terapeuta propõe que levem as figuras para casa, e se juntem em um dia para queimarem todas as figuras.
Variação	Dependendo das aprendizagens que os participantes estão precisando fazer, o terapeuta poderá deixar as datas e rituais por conta deles ou dar consignas específicas. Podem após queimar as figuras, conversar sobre sentimentos e/ou decisões.
Observação	
Pergunta	- O que fazer se as figuras não mostrarem as dificuldades? Como são figuras simbólicas nem sempre elas serão literais, mas isso não atrapalhará a técnica.

Título	⓺⓻ POR QUE? E PARA QUE?
Objetivos	Treinar de forma leve e lúdica o uso do Pra que? Aprender a focar no presente e no futuro, a definir objetivos e responsabilidades.
Código	I
Material	Papeis
Consignas	Escrever bilhetinhos e colocar nos lugares mais inusitados a palavra "Pra que".
Variação	Ao invés de bilhetinhos pode escolher pequenos objetos que vão simbolizar a palavra "pra que?"
Observação	É uma técnica individual, pois essa é uma aprendizagem de processo individual, mas que pode ser adaptada para ser usada nas aprendizagens dos sistemas conjugais e familiares.
Pergunta	- Quando é útil usar essa técnica? Quando o cliente tem consciência e está disposto a fazer essa mudança de funcionamento.

Título	⑥⑧ SEMEAR O DESEJO
Objetivos	Trazer esperança e confiança para o processo de mudança
Código	I
Material	Papel e caneta
Consignas	Escreva numa folha de papel algo que você deseja que aconteça (no processo de mudança, no processo de aprendizagem,...). Pique a folha em micro pedaços. Leve para casa e "semeie" esses pedacinhos, espalhando nos mais variados lugares. Cada vez que soltar os papeizinhos pense que o seu desejo irá acontecer.
Variação	Subir em algum lugar bem alto e soltar todos ao vento. Enterrá-los. Enterrá-los no pé de uma flor.
Observação	É uma técnica individual, pois essa é uma aprendizagem de processo individual, mas que pode ser adaptada para ser usada nas aprendizagens dos sistemas conjugais e familiares. Tomar cuidado para não parecer uma mágica. É um complemento ao processo de mudança.
Pergunta	- O que fazer se o cliente não espalhar os pedaços e guardá-los? Refletir e trabalhar com ele essas questões de acordo com as suas dificuldades e do seu padrão de funcionamento.

Título	69 LISTAR 100 POSSIBILIDADES
Objetivos	Ampliar o olhar. Aprender a sair do campo conhecido. Flexibilizar.
Código	I
Material	Papel e caneta
Consignas	Liste 100 possibilidades de ação (de saídas ou de movimentos) nesta situação (que não tem saída, ou que é nova, ou que tem algum impasse).
Variação	É uma técnica individual mas pode ser usada em situações de casal ou família, fazendo cada um dos participantes individualmente e depois juntando, ou já fazendo a lista juntos.
Observação	É importante que o cliente leve a tarefa para casa e de fato se esforce para fazer o maior número possível de hipóteses. Ao trazer de volta a lista, o terapeuta irá ajudá-lo a complementá-la com outras situações que o cliente não pensou, incluindo inusitadas, inviáveis. O importante não é a racionalidade mas sim sair do conhecido e ampliar o olhar.
Pergunta	- O que fazer se a lista tiver poucos itens? O terapeuta auxiliará a ampliar a lista, levando o cliente a ampliá-la também.

Título	⑦⓪ SITUAÇÃO IDEAL
Objetivos	Trabalhar com a idealização e as dificuldades.
Código	I
Material	Caixa de recortes, giz de cera.
Consignas	Escolha uma figura na caixa de recortes que vai significar a situação ideal (sua vida sem essa dificuldade ou sua vida quando tiver feito essa aprendizagem). Escolha uma cor de giz de cera (ou 2 ou 3) que vai representar tudo o que está impedindo essa situação ideal de acontecer. Leve para casa, e todos os dias você vai cobrir a figura com o giz de cera até que não apareça mais a figura embaixo. Quando o cliente trouxer a figura coberta, prescrever que vai levá-la novamente para casa para queimá-la ou enterrá-la.
Variação	
Observação	
Pergunta	- Quando queimar e quando enterrar? Quando é algo que o cliente já tem consciência, já está no processo de aprendizagem e de mudança, propor queimar. Propor enterrar, quando ainda está menos elaborado e vai precisar de muito mais tempo.

Título	(71) CARACTERÍSTICAS DO HOMEM/MULHER IDEAL
Objetivos	Refletir sobre desejos, fantasias, depositações na escolha de parceiros.
Código	I
Material	Papel e caneta
Consignas	"Liste 100 características do homem/da mulher ideal". Quando trouxer a lista: "Pontue cada uma das características de 1 a 5, de acordo com a importância". Quando trouxer a lista com as pontuações: "Das pontuadas com 5, selecione 10 que são imprescindíveis que a pessoa possua.
Variação	
Observação	A proposta não é sair em busca da pessoa ideal, mas sim trabalhar internamente com as questões de escolhas, compulsões e responsabilidades. Cada uma das etapas da tarefa será colocada para o cliente somente quando ele tiver realizado a anterior, e será acompanhada de reflexões e discussões.
Pergunta	- Se a visão do cliente for muito negativa e não conseguir enxergar características? Trabalhar essa visão negativa mais profundamente.

Título	⑦² HISTORIA INFANTIL
Objetivos	Tomar consciência da construção do padrão de funcionamento
Código	I
Material	Papel e lápis para listar as histórias.
Consignas	Liste as histórias infantis que ouvia na infância. Escolha uma delas que mais tenha influenciado você. Mapear o que na história tem semelhança com suas dificuldades e facilidades na vida adulta. Como esse padrão foi construído? Como esse padrão pode ser flexibilizado?
Variação	Dependendo da necessidade pode-se desenhar, dramatizar, construir a historia.
Observação	Cada consigna será dada quando a etapa anterior for concluída.
Pergunta	- Se o cliente não lembrar ou tiver dificuldade de construir a história? Tentar, auxiliar, ou mudar de técnica.

Título	㊃ MELHORAR A PESSOA
Objetivos	Lidar com a competência interna nas dificuldades relacionais.
Código	I
Material	Material de desenho, purpurina.
Consignas	Desenhar simbolicamente a pessoa que está tendo dificuldade. Ir colocando purpurina no desenho conforme descobre características positivas ou deseja coisas boas para a pessoa.
Variação	Ao invés de purpurina pode colocar outro elemento agradável.
Observação	
Pergunta	- O que fazer quando o cliente não enxerga características positivas ou não consegue desejar coisas boas? Trabalhar seus sentimentos, seu padrão de funcionamento para que isso possa começar a acontecer.

Título	(74) ASSOPRAR OS PROBLEMAS
Objetivos	Trabalhar com as possibilidades de mudança nas situações difíceis
Código	I
Material	
Consignas	Todas as vezes que você lembrar do problema que está preocupando, assopre suavemente, como se estivesse empurrando o problema para bem longe.
Variação	Pode ser usado para outras situações difíceis, p. ex. uma pessoa com a qual rompeu; um evento que não consegue esquecer.
Observação	Além do trabalho simbólico, trabalha a energia, através do relaxamento que a respiração traz.
Pergunta	- O que fazer se o cliente disser que não acredita que essa tarefa possa ajudá-lo? Propor que experimente mesmo sem acreditar.

Título	(75) DESPETALAR FLORES
Objetivos	Trabalhar o desprendimento nas relações próximas. Preparar-se para colocar em prática mudanças nas relações de controle e apego.
Código	I
Material	Uma flor com muitas pétalas.
Consignas	Pegue uma flor com pétalas pequenas e vá tirando as pétalas e soltando-as uma à uma ao vento. Use o exercício como uma metáfora da necessidade de deixar (seu filho/fulano) ir/cuidar da sua vida/sair do seu controle.
Variação	Pode ir soltando uma pétala por dia. Pode ir acompanhando o número de pétalas com a facilidade ou dificuldade de desprender-se. Pode usar outro objeto simbólico que possa ser desfeito aos poucos.
Observação	
Pergunta	- Quando é útil usar essa técnica? Quando o cliente deseja mudar o comportamento mas está muito preso. Como inicio do processo de desprendimento.

Título	⑦⑥ SAPATEAR
Objetivos	Circular a energia nas situações obsessivas. Auxiliar o cliente a sair de situações repetitivas, seja de pensamentos seja de ações.
Código	I
Material	
Consignas	Quando perceber que está tendo um pensamento ou comportamento obsessivo, escolha um local reservado e sapateie vigorosamente. Após, respire calmamente.
Variação	Para clientes que estão no processo de autocontrole pode ser prescrito sapatear 3 vezes ao dia.
Observação	É importante que o cliente compreenda o processo, acompanhe e relate ao terapeuta as mudanças que acontecerem.
Pergunta	- O que fazer quando o cliente relata que não consegue (não tem energia suficiente) para sapatear? Exercitar na sessão; propor começar aos poucos.

Título	⑦⑦ MINI "CABO DE GUERRA"
Objetivos	Trazer à tona, de forma lúdica, a disputa de poder. Tirar o peso das disputas e abrir novas possibilidades.
Código	C
Material	Variados
Consignas	Todas as vezes que vocês lembrarem das disputas que têm, e quiserem brincar com isso, descobrir novas formas, mais leves de lidar, usem o que estiver à disposição – toalhas, guardanapos, barbantes, lãs, sacolas, meias, etc. etc - para criar um rápido jogo de cabo de guerra.
Variação	Pode ser adaptado para uso com Famílias.
Observação	Só deve ser usado quando a questão do jogo do poder já estiver consciente e sendo trabalhado.
Pergunta	- Como essa técnica pode ser utilizada individualmente? Puxar coisas que estão presas, por exemplo: maçanetas, ganchos, cordões.

Título	⑦⑧ DESENHO SIMBÓLICO DA RELAÇÃO
Objetivos	Concretizar as mudanças desejadas e as que forem acontecendo nas relações trabalhadas.
Código	I
Material	Papel, lápis, material para colorir.
Consignas	Fazer um desenho que simbolize a relação com determinada pessoa. Faça outro desenho que mostre simbolicamente as mudanças que gostaria que acontecessem. Ir redesenhando conforme a relação for mudando, e ao mesmo tempo ir tentando fazer mudanças na relação conforme faz os desenhos.
Variação	Fazer um desenho de como é a relação e outro de como desejaria que fosse. Guardar e definir uma data para abrir e avaliar as mudanças que fez.
Observação	
Pergunta	

Título	㊴ OBJETO METAFÓRICO
Objetivos	Usar um objeto para ser a metáfora da aprendizagem ou da ação que o cliente precisa fazer.
Código	I
Material	Objeto metafórico
Consignas	Você vai escolher um vaso de flor e vai cuidá-lo como metáfora do cuidado que precisa dedicar a você mesmo.
Variação	Pode ser uma planta, uma flor, um animal, fazer uma comida, construir algo. Pode ser adaptado ao Casal ou à Família, desde que, bem esclarecido que o objeto simboliza a relação entre eles e que todos os envolvidos são responsáveis pelos cuidados.
Observação	
Pergunta	- Como o terapeuta pode saber se o cliente está fazendo ou não? A partir do relato do cliente.

Título	**80) RETOMADA DOS PROJETOS**
Objetivos	Auxiliar o casal a reavivar a relação através da retomada dos projetos do inicio da vida em comum.
Código	C
Material	Papel e caneta
Consignas	Cada um de vocês vai colocar no papel os 5 projetos mais importantes que tinham quando se casaram. Depois que fizerem, checa-se se lembraram dos mesmos, trabalha-se e reflete-se sobre os projetos, o que foi realizado, o que foi deixado de lado. Trabalha-se a retomada dos antigos projetos comuns e a construção de novos projetos comuns.
Variação	Pode-se trabalhar checando os projetos em várias fases da vida em comum, desde que se conheceram até o momento presente.
Observação	
Pergunta	- Pode usar essa técnica com casais de namorados? Sim, desde que a relação já tenha um certo tempo.

Título	**81) O QUE QUER QUE O OUTRO MUDE**
Objetivos	Desenvolver consciência dos desejos, exigências, escolhas e depositações nos relacionamentos
Código	I C
Material	
Consignas	Listar TUDO que você gostaria que seu parceiro mudasse. A partir dessa lista trabalha-se ordem de prioridade nas mudanças desejadas; mudanças pessoais que serão desencadeadas se as mudanças que deseja acontecessem; como e o que pode fazer para desencadear as mudanças que deseja; escolher uma para começar a trabalhar.
Variação	Se for processo individual trabalha-se só na responsabilidade de uma pessoa, se for terapia de casal, o processo será individual com cada um deles, mas os dois ao mesmo tempo.
Observação	
Pergunta	- Quais os riscos de trabalhar essa técnica no processo individual? Nenhum, desde que a pessoa enxergue sua responsabilidade e assuma individualmente, sem usar álibis.

Título	**82) PREPARAR-SE PARA UMA CONVERSA**	
Objetivos	Desenvolver habilidade e competência nos confrontos e conversas relacionais.	
Código	I	
Material	Papel e caneta	
Consignas	Antes da conversa acontecer, treinar na fantasia, por escrito, no desenho todas as possibilidades do que quer dizer, do que precisa dizer, dos riscos que corre, das hipóteses de não dar certo, de como retomar o controle da situação. Só após isto o sucesso da conversa terá chance.	
Variação		
Observação	Quando uma conversa ou um confronto precisar acontecer, é necessário que as emoções e depositações sejam clareadas e estejam sob controle.	
Pergunta	- O que fazer se o cliente relatar que se preparou para a conversa, mas na hora teve dificuldades e agiu diferente? Compreender que tudo é um processo e se preparar novamente, reavaliando.	

Título	㊸ USANDO A LINHA DA VIDA
Objetivos	Após usar a linha da vida para compreender a construção do padrão de funcionamento, usá-la como um ritual de limpeza e mudança.
Código	I
Material	Papel e material para escrever
Consignas	Para a Linha da Vida: " Numa folha de papel desenhe uma linha. O começo será o dia do seu nascimento e o final o dia de hoje. Assinale nessa linha os fatos, positivos e negativos, que mais marcaram você". Para o ritual: "Retire uma figura da caixa de recortes que vai simbolizar todas as dificuldades da sua vida, que estão impedindo você de ir adiante (de realizar tal aprendizagem/ de fazer tal mudança). Junte a figura e a linha da vida e queime, mentalizando que ao queimá-las a energia das dificuldades se dissipará".
Variação	Dependendo dos conteúdos da história pode-se acrescentar aspectos no ritual, por exemplo, passar na água, passar no álcool.
Observação	
Pergunta	- Deve-se definir em quanto tempo o cliente poderá queimar a Linha da Vida e a figura? Pode, sempre avaliando o objetivo, mas de um modo geral, nesta técnica, deixa-se à critério do cliente..

Título	84) MENSAGEM DO SONHO
Objetivos	Auxiliar o cliente a enxergar os movimentos do seu processo
Código	I
Material	Papel e caneta
Consignas	Pedir que o cliente anote os sonhos marcantes que tiver. Juntos, na sessão, refletir sobre o padrão do sonho, o padrão de funcionamento do cliente, e o padrão das mudanças, e avaliar as mensagens do inconsciente e como usá-las no processo de mudança.
Variação	Anotar as sequências dos sonhos e no andamento do processo refazer a avaliação com um olhar mais abrangente.
Observação	Tomar cuidado para se ater à estrutura do sonho e não se perder nas interpretações de conteúdo.
Pergunta	

Título	(85) FOTOS DO CASAL
Objetivos	Concretizar as dificuldades do casal, as mudanças e os objetivos
Código	C
Material	Fotos
Consignas	Pedir ao casal que traga fotos que mostrem fase que estavam bem, más fases, como gostariam de estar.
Variação	Pode-se pedir que cada um traga suas fotos ou que o casal procure juntos e tragam uma só seleção.
Observação	
Pergunta	- Pode-se trabalhar essa técnica para Individual e Família? Sim.

Título	86) PESQUISAR AVALIAÇÃO
Objetivos	Desenvolver e fortalecer aspectos da autoimagem. Auxiliar o cliente a checar com as pessoas significativas as avaliações que faz de si próprio.
Código	I
Material	Papel e caneta
Consignas	Faça uma lista das características que enxerga em si mesmo. Escolha 5 pessoas significativas para você e peça a cada uma que diga 5 adjetivos ou características que vê em você.
Variação	Perguntar às pessoas significativas o que enxergam que precisa mudar e/ou aprender.
Observação	
Pergunta	- O que fazer se o cliente não encontrar 5 pessoas? Adequar o número de pessoas à realidade do cliente.

Título	⑧⑦ TAREFA NA FAMÍLIA DE ORIGEM
Objetivos	A partir das tarefas, obrigações e atividades que tinha na família de origem, refletir sobre as depositações, lealdades e sentimentos que dificultam o desenvolvimento.
Código	I
Material	Papel e caneta
Consignas	Listar suas tarefas, suas atividades na sua família de origem. Refletir sobre os mandatos implícitos que lhe foram delegados na sua família de origem.
Variação	Listar as tarefas/obrigações/cuidados que tinha na relação entre os pais. Listar as tarefas/obrigações/cuidados que tinha com os irmãos.
Observação	Deve ser usado quando o cliente já compreendeu que, independente das vivências infantis, a responsabilidade é sua. Que ele pode trabalhá-las e decidir o que fazer com elas. Importante o terapeuta ter clareza disso.[18]
Pergunta	

---

[18] ROSSET, S. M. Pais e filhos: uma relação delicada. Curitiba: Sol, 2008.

Título	88 CONSTRUÇÃO DE HABILIDADES
Objetivos	Ajudar o cliente a enxergar suas habilidades, e como melhorá-las.
Código	I
Material	Papel e caneta
Consignas	Liste 2 atividades que você faz com facilidade e 2 que tem dificuldade para realizar. Discutir quem lhe ensinou cada uma delas e como foi ensinado. Como poderia ter mais habilidade nas 4 atividades.
Variação	
Observação	
Pergunta	- O que fazer se o cliente não lembrar quem lhe ensinou? Dependendo do padrão do cliente isso não terá importância, mas se tiver deverá pesquisar.

Título	89) ALIBIS PREDILETOS
Objetivos	Auxiliar a consciência e o controle dos álibis relacionais.
Código	I C F
Material	Papel e caneta
Consignas	Refletir e listar seu álibis mais usados. Avaliar ganhos e perdas que tem com cada um deles. Estabelecer meios de ter controle na decisão de usá-los ou não.
Variação	
Observação	Quando o trabalho for de Casal ou Família vai se trabalhar os Álibis do sistema e não os individuais.
Pergunta	- O que fazer se o cliente não tiver consciência dos seus álibis relacionais?[19] Essa é uma questão básica da compreensão relacional sistêmica, e portanto vai se focar e auxiliar o cliente a descobri-los.

---

[19] ROSSET, S. M. Terapia relacional sistêmica. Belo Horizonte: ArteSã, 2013.

Título	90) COMPULSÕES RELACIONAIS
Objetivos	Auxiliar a consciência e o controle das compulsões relacionais.
Código	I
Material	Papel e caneta
Consignas	Avaliar suas relações e levantar as situações em que responde automaticamente ao comportamento do outro. Refletir e listar suas compulsões relacionais. Estabelecer meios de ter controle sobre eles.
Variação	
Observação	
Pergunta	- O que fazer se o cliente não tiver consciência das suas compulsões relacionais?[20] Essa é uma questão básica da compreensão relacional sistêmica, e portanto vai se focar e auxiliar o cliente a descobri-las.

---

[20] ROSSET, S. M. Terapia relacional sistêmica. Belo Horizonte: ArteSã, 2013.

Título	(91) AVALIANDO DESEMPENHO
Objetivos	Auxiliar o cliente a avaliar e melhorar o desempenho dos seus papéis (profissionais ou familiares) e atividades.
Código	I C F
Material	Papel e caneta
Consignas	Liste o que tem de melhor e o que tem de pior no desempenho deste seu papel.
Variação	Como aprendeu esse papel. Como pode melhorá-lo. Nos processos de casal ou familiar: como cada um pode auxiliar o outro a melhorar o seu desempenho nos papéis.
Observação	Nos processos individuais pode-se trabalhar um a um vários papéis de acordo com a necessidade do cliente. Nos processos de casal ou familiares pode-se focar somente nos papeis complementares.
Pergunta	

Título	92 SISTEMA ENERGÉTICO
Objetivos	Auxiliar o cliente a perceber outros aspectos do seu sistema individual.
Código	I
Material	Papel e material de desenho.
Consignas	Faça um desenho simbólico de como percebe seu campo energético. Após o desenho, trabalhar o que percebe e checar com os dados de realidade.
Variação	Avaliar como melhorar suas condições. Dar consignas específicas de acordo com a situação energética, emocional, de saúde do cliente
Observação	
Pergunta	

Título	93) JOGOS DE PODER
Objetivos	Auxiliar o casal a perceber e flexibilizar sua relação de poder.
Código	C
Material	
Consignas	Através de posturas e imagens demonstrem como um tem o poder e o outro não. Depois inverte.
Variação	Dependendo do conteúdo do casal e da necessidade pode-se variar os rótulos: submissão, ambiguidade, superioridade; onipotência, impotência; dependência, independência, entre outros. Pode ser usado também para outras díades.
Observação	É importante a forma como vai ser trabalhado: possibilitando que flexibilizem e não permaneçam polarizados.
Pergunta	- Quais os riscos ao aplicar essa técnica? Trazer à tona conteúdos que o casal não consegue lidar. Mas isso deve ser avaliado anteriormente pelo terapeuta.

REFERÊNCIAS

FONSECA FILHO, J. de S. Psicodrama da loucura. Correlações entre Buber e Moreno. São Paulo: Agora, 1980.

KELEMAN, S. O corpo diz sua mente. Tradução de: Maya Hantower. São Paulo: Summus, 1996.

LOWEN, A. Bioenergética. São Paulo: Summus, 1986.

PICHON-RIVIÈRE, E. Teoria do vínculo. São Paulo: Martins Fontes, 1982.

ROJAS-BERMÚDEZ, J. G. Núcleo do eu. Leitura psicológica dos processos evolutivos fisiológicos. São Paulo: Natura, 1978.

ROJAS-BERMÚDEZ, J. G. Introdução ao psicodrama. 3ª ed. São Paulo: Mestre Jou, 1980.

ROSSET, S. M. Izabel Augusta: a família como caminho. Curitiba: Editora Sol, 2011.

ROSSET, S. M. Padrão de interação do sistema terapêutico. Trabalho apresentado no Congresso Internacional de Terapia Familiar da IFTA, 13, Porto Alegre, 2001.

ROSSET, S. M. Teoria geral de sistemas e a prática clínica. Trabalho apresentado no Seminário Clínico do Núcleo de Psicologia Clínica, Curitiba, 1989.

ROSSET, S. M. Compreensão relacional sistêmica dos mitos familiares. Curitiba, 1993.

ROSSET, S. M. Pais e filhos: uma relação delicada. Curitiba: Sol, 2008.

ROSSET, S. M. 123 técnicas de psicoterapia relacional sistêmica. Belo Horizonte: ArteSã, 2013

ROSSET, S. M. Terapia relacional sistêmica – famílias casais indivíduos grupos. Belo Horizonte: ArteSã, 2013

WATZLAWICK, P.; WEAKLAND, J.; FISCH, R. Mudança. Princípios de formação e resolução de problemas. São Paulo: Cultrix, 1977.

WATZLAWICK, P.; BEAVIN, J. H.; JACKSON, D. D. Pragmática da comunicação humana. São Paulo: Cultrix, 1981

WILLI, J. O conceito de colusão: uma integração entre a proposta sistêmica e psicodinâmica para terapia de casal. Tradução de: Danilo Rosset. Curitiba, 1998. Tradução de: Il concetto di collusione: un'integrazione tra approccio sistêmico e psicodinâmico alla terapia di. coppia. Terapia Familiare. Rivista interdisciplinare di ricerca ed intervento relazionale, Roma, n. 23, 27-39, mar. 1987.

BIBLIOGRAFIA RECOMENDADA

ABRAMOVICH, F.; CHAKÉ E.; MATHIAS, M. F. Teatricina. Rio de Janeiro: MEC, Serviço Nacional de Teatro, 1979.

ANDERSON, B. Alongue-se. Tradução de: Maria Sílvia Mourão Neto. São Paulo: Summus, 1983.

BERTHERAT, T. O corpo tem suas razões: antiginástica e consciência de si. Tradução de: Estela dos Santos Abreu. São Paulo: Martins fontes, 1977.

BEUTTENMULLER, M. da G. Expressão vocal e expressão corporal. Rio de Janeiro: Forense Universitária, 1974.

CAMPBELL, J. O poder do mito. São Paulo: Atenas, 1990.

DIAS, V. R. C. S. Sonhos e psicodrama interno na análise psicodramática. São Paulo: Ágora, 1996.

DYCHWALD, K. Corpomente. Tradução de: Maria Sílvia Mourão Neto. São Paulo: Summus, 1984.

ETIEVAN, N de S. de. Cada um se deita na cama que faz... : a relação do casal. São Paulo: Horus, 2000.

FEINSTEIN, D. Mitologia pessoal: como descobrir sua história interior através de rituais, dos sonhos e da imaginação. São Paulo: Cultrix, 1997.

FRITZEN, S. J. Exercícios práticos de dinâmica de grupo e de relações humanas. 5ª ed. Petrópolis: Vozes, 1975. v. 1.

FRITZEN, S. J. Exercícios práticos de dinâmica de grupo e de relações humanas. 3ª ed. Petrópolis: Vozes, 1975. v. 2.

HENDERSON, J. O amante interior: uma abertura à energia na prática sexual. Tradução de: Marta Rodolfo Schimdt. Rio de Janeiro: Nova Fronteira, 1991.

HEREK,L; ROSSI G. K. A menina e a fonte mágica. Curitiba: Sol, 2004

HOLZMANN, M. E. F. Jogar é preciso: jogos espontâneo-criativos para famílias e grupos. Porto Alegre: ArtMed, 1998.

IMBER-BLACK, E.; ROBERTS, J.; WHITING, R. A. Rituales terapeuticos y ritos en la familia. Barcelona: Gedisa Editorial, 1991.

KESSELMAN, H. A multiplicação dramática. São Paulo: Hucitec, 1991.

KNAPPE, P. P. Mais do que um jogo: teoria e prática do jogo em psicoterapia. Tradução de: Ruth Rejman. São Paulo: Ágora, 1998.

LABAN, R. Domínio do movimento. Tradução de: Anna Maria Barros de Vecchi e Maria Sílvia Mourão Netto. São Paulo: Summus, 1978.

LARSEN, S. Imaginação mítica: a busca de significado através da mitologia pessoal. Tradução de: Waltensir Dutra. Rio de Janeiro: Campus, 1991.

LÉVINTON, F. Juegos psicológicos para parejas. Buenos Aires: Editorial Sava Juro, 1985.

LOWEN, A. Bioenergética. São Paulo: Summus, 1986.

LOWEN, A.; LOWEN, L. Exercícios de bioenergética: o caminho para uma saúde vibrante. São Paulo: Ágora. 1985.

MASUNAGA, S. Zen: exercícios imagéticos. Tradução de: Ana Lucia Franco. São Paulo: Siciliano, 1990.

MENEGAZZO, C. M. Magia, mito e psicodrama. Tradução de: Magda Lopes. São Paulo: Ágora, 1994.

MILLER, R. D. Massagem psíquica. São Paulo: Summus, 1979.

MINDELL, A. Percepção consciente: trabalhando sozinho com seu processo interior. São Paulo: Summus, 1993.

MINDELL, A. Trabalhando com o corpo onírico. São Paulo: Summus, 1990.

MINUCHIN, S. Técnicas de terapia familiar. Porto Alegre: Artes Médicas, 1990.

MONTEIRO, R. F. Técnicas fundamentais do psicodrama. 2ª ed. São Paulo: Ágora, 1998.

MONTEIRO, R. F. Jogos dramáticos. São Paulo: McGraw-Hill do Brasil, 1979.

ROSSET, S. M. Izabel Augusta: a família como caminho. Curitiba: Editora Sol, 2011.

ROSSET, S. M. Pais e filhos: uma relação delicada. Curitiba: Sol, 2008.

ROSSET, S. M. O casal nosso de cada dia. Curitiba: Sol, 2004.

ROSSET, S. M. 123 técnicas de psicoterapia relacional sistêmica. Belo Horizonte: ArteSã, 2013.

ROSSET, S. M. Terapia relacional sistêmica. Belo Horizonte: ArteSã, 2013.

WEISER, J. Photo therapy techniques: exploring the secrets of personal snapshots and family albums. San Francisco: Jossey-Bass, 1993.

YOZO, R. Y. K. 100 jogos para grupos: uma abordagem psicodramática para empresas, escolas e clínicas. São Paulo: Ágora, 1996.

ANEXO 1
Montagem das caixas

Dependendo do objetivo a ser trabalhado, pode-se utilizar inúmeros materiais. As caixas que citamos nas técnicas são descritas a seguir.

Caixa de Recortes (recortes de figuras variadas) – Para criar essa caixa, o terapeuta, usando diversas revistas, recorta figuras, fotos, imagens interessantes e coloca-as dentro da caixa. A preferência é que sejam somente mensagens não verbais, ou seja, sem palavras. É interessante que a caixa contenha figuras variadas, abrangendo os vários ângulos da vida: pessoas, feias e bonitas, tipos de famílias, tipos de pessoas se relacionando, profissões, figuras abstratas, símbolos, animais, figuras que demonstram ou simbolizam sentimentos, figuras coloridas e em preto e branco, figuras de pessoas de raças, sexos, etnias e religiões diferentes.

Caixa de ícones – É uma caixa contendo diversos objetos e materiais que não tenham um valor ou uma identificação pré-definida ou definitiva. Podem ser vidrinhos, pilhas, tampinhas, canudos, pedaços de lã, conchas, fitas, dados, peças de jogos, rolhas, tecidos, caixinhas coloridas etc.

Caixa de lãs – É uma caixa com diversos restos de lã de diferentes cores, texturas e espessuras.

Caixa de nozes – Colocam-se diversas metades de cascas de nozes para serem utilizadas em qualquer representação.

Caixa de tampas – Contém tampas de diversos tamanhos e cores. Tampas de vidros de conserva, de perfume, de frascos variados, de garrafas; tampas de cores e formatos inusitados, grandes e bem miudinhas, em número variado do mesmo tipo, etc.

ANEXO 2
Lista de material para o consultório

Almofadas	Jogo da memória
Argila	Jogo de tinta aquarela
Balões	Jogo de tinta guache
Bambolê	Jornais
Baralho	Lápis de cera
Baralho especial	Lápis de cor
Barbantes de diferentes cores e espessuras	Lápis para escrever
Caça-palavras	Lenços que sirvam de vendas para os olhos
Caixa de cascas de nozes	Manta pequena
Caixa de ícones	Massa de modelar
Caixa de recortes	Mobília em miniatura
Caixa de tampas	Moedas
Canetas	Papel celofane
Canetas para quadro branco	Papel de rolo
Canetas hidrográficas	Papel sulfite
Cartões coloridos	Papel tamanho A3
Cartolinas	Pedaços de madeira de vários tamanhos e formatos
Colas	Pincéis de, pelo menos, três espessuras
Copos plásticos	Quadro branco e apagador
Cordas	Miçangas coloridas
Cordas de algodão	Quebra-cabeça
Envelopes de tamanhos variados	Recipiente adequado para queimar papel
Fantoches de dedo	Revistas
Fios de náilon	Rolhas
Fitinhas	Tesouras
Fósforo ou isqueiro	Toalhas
Guardanapos de papel coloridos	Velas

Contato para CURSO, WORKSHOP, PALESTRAS
Temas referentes a relacionamentos, família, casal.
Temas técnicos ligados a Terapia Sistêmica e Familiar.

Solange Maria Rosset

Home page: www.srosset.com.br

E-mail: srosset@terra.com.br
Telefone/WhatsApp
(41) 99963.7216
(41) 99560.1004
Fone/Fax: (41) 3335-5554

Curitiba - Paraná - Brasil

Conheça outros títulos da autora Solange Rosset:

123 técnicas de psicoterapia relacional sistêmica
ISBN: 9788588009387

O livro apresenta o panorama do trabalho clínico da autora através das técnicas que criou e adaptou em mais de 28 anos como psicoterapeuta. Além de inserir as técnicas é apresentado um apanhado sobre a Terapia Relacional Sistêmica, suas propostas e posturas básicas. Contém também conceitos teóricos importantes para a escolha e uso de técnicas em psicoterapia. A escolha da técnica adequada é importante para atingir os objetivos terapêuticos desejados. Nessa escolha, é necessário levar em conta o padrão de funcionamento do cliente, a colocação adequada das consignas, o tempo e o espaço de que se dispõe e a vivência do terapeuta.

Izabel Augusta - A família como caminho
ISBN: 9788589484121

O livro conta a história de uma família durante a fase de Terapia Familiar. Engloba os relatos das sessões e dos acontecimentos familiares entre os atendimentos, e cada capítulo é seguido de um processamento teórico e técnico focando as estratégias terapêuticas de cada sessão, bem como as técnicas usadas e as intervenções feitas. O leitor pode ler o livro como um romance de aventura ou como um texto técnico, que relata e reflete as questões básicas de um terapeuta. Enfocando o entrelaçamento dos processos individuais e do processo da família, ilustra os pressupostos da Terapia Relacional Sistêmica.

Terapia relacional sistêmica
ISBN: 9788588009301

A consciência do próprio funcionamento é o primeiro e imprescindível passo para a mudança. Qualquer mudança pessoal ou relacional pressupõe que o sujeito esteja enxergando seu próprio funcionamento: o que faz, como faz, para que faz. Esse é o foco da Terapia Relacional Sistêmica, estruturada durante os últimos 23 anos, e é o fio condutor dos trabalhos clínicos (com famílias, indivíduos, casais e grupos), do trabalho de formação de terapeutas e do processo de todas as pessoas que, usando os pressupostos relacionais sistêmicos, aventuram-se no aprimoramento pessoal e relacional.

Pais e filhos uma relação delicada
ISBN: 9788588009394

A forma que escolhemos para conduzir a relação com nossos filhos ou com nossos pais, poderá decidir para sempre nosso padrão de funcionamento como seres humanos, e disso certamente dependerá também, nossa capacidade de interagir com o mundo. O livro aborda pontos nodais do relacionamento entre pais e filhos, focando aspectos que são importantes para fortalecimento desse vínculo, ao mesmo tempo que enfatiza a possibilidade que essa relação seja um instrumento de crescimento e desenvolvimento de consciência para todos os envolvidos. A tônica do livro é o desenvolvimento da responsabilidade como desencadeadora das mudanças e aprendizagens que são necessárias.

O casal nosso de cada dia
ISBN: 9788588009370

O livro apresenta pontos importantes para que as pessoas possam refletir e tomar consciência do seu padrão de funcionamento individual e como casal. Dessa forma, auxilia a clarear dificuldades, problemas e riscos que os cônjuges possam ter, possibilitando sua percepção e prevenção. O processo de ser um casal - duas pessoas que têm um relacionamento de intimidade, sexualidade e projetos comuns - é, com certeza, o mais complexo e cheio de nuanças que se pode vivenciar. A autora defende uma postura própria: com criatividade, esforço e coragem, é possível criar e recriar uma parceria saudável em todos os momentos da vida em comum.

Temas de casal
ISBN: 9788588009691

Existem muitas explicações para as pessoas buscarem ser casal e viver juntos, mas, na minha compreensão, as pessoas se tornam casal, para se aprimorar. Mesmo havendo muitas outras coisas na relação - prazer, paixão, realização - o foco funcional das relações de casal é fazer bom uso das características desse relacionamento, para aprender e crescer. Por ser a relação mais íntima que existe, pelas emoções fortes que são desencadeadas, pelo amor e vulnerabilidade que encerra, é na relação de casal que aparece com maior clareza, o melhor e o pior de uma pessoa. As mudanças levam as mudanças para o mundo. Pois, se o casal melhora a qualidade da sua relação, toma consciência do seu funcionamento e aprende a viver de uma forma mais funcional, levará essas mudanças para as pessoas diretamente envolvidas com eles, principalmente à família e aos filhos. E os filhos, ao formarem um casal, levarão essa nova forma de relação para seus relacionamentos e assim servem de novos modelos e fazem diferença no mundo em que vivem.

Brigas na família e no casal
ISBN: 9788588009554

Aprendendo a brigar de forma elegante e construtiva. Briga é um assunto para se aprender, e é um processo contínuo. Cada dia, cada relacionamento, cada etapa traz novos aspectos a serem desenvolvidos. Brigar numa cultura que ainda funciona de forma cartesiana, tem uma conotação negativa. Numa compreensão sistêmica, cada situação pode ser vista no seu aspecto positivo e também no aspecto negativo. De forma elegante uma briga pode ser ética, criativa e leve. Instrumentar-se para ter brigas leais, é aprender a brigar elegantemente. Uma briga construtiva é o desenvolvimento de uma habilidade cooperativa, como uma dança. É uma proposta que, paradoxalmente, conduz a uma harmonia maior entre as pessoas

Este livro foi composto com tipografia Helvetica Neue
e impresso em papel Off-set 75g.